Shuzhi Qiche Jiashi Jingyan yu Jinji bing Bunan

熟知汽车驾驶经验与禁忌并不难

主　编◎黄宜坤　郭大民

人民交通出版社股份有限公司
China Communications Press Co.,Ltd.

内 容 提 要

本书内容包括汽车驾驶员的驾驶基础技能、特殊环境下的驾驶经验与禁忌、紧急情况下的驾驶经验与禁忌以及节能驾驶经验等。

本书可供汽车驾驶员、汽车驾驶培训人员及广大汽车爱好者使用。

图书在版编目（CIP）数据

熟知汽车驾驶经验与禁忌并不难/黄宜坤，郭大民主编．—北京：人民交通出版社股份有限公司，2015.12

ISBN 978-7-114-12548-5

Ⅰ．①熟… Ⅱ．①黄… ②郭… Ⅲ．①汽车驾驶—基本知识 Ⅳ．①U471.1

中国版本图书馆CIP数据核字（2015）第244619号

书　　名：熟知汽车驾驶经验与禁忌并不难
著 作 者：黄宜坤　郭大民
责任编辑：刘　博　董　倩
出版发行：人民交通出版社股份有限公司
地　　址：(100011)北京市朝阳区安定门外外馆斜街3号
网　　址：http://www.ccpress.com.cn
销售电话：(010)59757973
总 经 销：人民交通出版社股份有限公司发行部
经　　销：各地新华书店
印　　刷：北京鑫正大印刷有限公司
开　　本：720×960　1/16
印　　张：11.25
字　　数：178千
版　　次：2015年12月　第1版
印　　次：2015年12月　第1次印刷
书　　号：ISBN 978-7-114-12548-5
定　　价：25.00元

本书编写组

主　　编：黄宜坤　郭大民

参编人员：卢中德　李泰然　孙　涛

李培军　闫　丹　郭振英

姜秀云　窦志恒　顾泽南

前言 PREFACE

随着我国经济的飞速发展和人民生活水平的日益提高，汽车早已不再是寻常百姓眼中的奢侈品，正进入越来越多的家庭，成为人们日常出行的主要代步交通工具。

但是，汽车的价格不像自行车那样便宜，需要驾驶员平日的安全驾驶和精心维护；汽车的构造又不像自行车那样简单，需要驾驶员掌握一定的构造知识；汽车的驾驶技巧也不像自行车那样简单，需要驾驶员掌握一定的技能、技巧和禁忌；当汽车出现问题或紧急故障时，还需要驾驶员有一定的专业基础知识去解决或排除；汽车驾驶过程也不像自行车那样靠人力去驱动，所以日常节能驾驶技巧也至关重要。

针对当前私家车驾驶员的现状，我们编写的本书具有如下特点：

（1）内容实用。本书内容贴合驾驶员的实际需要，随身一册，随时可指导驾驶员如何安全驾驶车辆，如何精心维护爱车，如何解决驾驶过程中遇到的各种难题。

（2）形式新颖。由于每一位驾驶员的知识背景、专业能力都各不相同，其掌握的汽车专业知识深浅不一，本书以简洁精练的大众化语言向读者传授汽车驾驶的经验与禁忌以及紧急情况的应急措施等，并配以大量的图片，力求图文并茂，生动形象，言简意赅。

（3）操作性强。作为一本写给非专业汽车驾驶员的书，本书摒弃了部分驾驶书籍长篇大论讲解原理的编写方式，只用最简练的语言配以相应的图片告知读者如何做，循书操作，难题、故障迎刃而解。

（4）针对性强。对于大部分已经拥有新车或即将拥有新车的人，新车装饰是必不可少的一项工作。本书针对此类人群，讲解了装饰材料的选择方法和装饰中的注意事项。

希望本书能够成为您驾驶过程中的良师益友！

编　者

2015 年 7 月

目 录 CONTENTS

第 1 章
基础驾驶技能 …………………………………… 1

第 1 节　驾驶坐姿 ……………………………………2
第 2 节　新车初驶 ……………………………………6
第 3 节　各种操纵装置的使用 ………………………9
第 4 节　汽车仪表板图标 ……………………………16
第 5 节　会车、跟车、超车与让车 …………………19
第 6 节　停车、倒车与掉头 …………………………29
第 7 节　坡道驾驶 ……………………………………36
第 8 节　行车路线的选择 ……………………………41
第 9 节　城市、乡村道路驾驶 ………………………42
第 10 节　高速公路驾驶 ……………………………51
第 11 节　山区道路驾驶 ……………………………60

第 2 章
特殊条件下的驾驶经验与禁忌 ……… 65

第 1 节　牵引车辆 ……………………………………66
第 2 节　冰雪道路驾驶 ………………………………73
第 3 节　雨天、雾天、风沙天气驾驶 ………………75
第 4 节　夜间驾驶 ……………………………………83
第 5 节　铁道路口、隧道、桥梁驾驶 ………………88
第 6 节　沙漠、高原地区驾驶 ………………………93

第3章 紧急情况下的驾驶经验与禁忌 99

第1节　制动失灵 100
第2节　夜间车灯故障 101
第3节　发生碰撞、剐蹭事故 102
第4节　车辆自燃 104
第5节　轮胎破裂与爆胎 105
第6节　车辆陷入泥坑 105
第7节　遇到抢劫车辆、“碰瓷” 106
第8节　涉水 108

第4章 节能驾驶经验 111

第1节　节油 112
第2节　节胎 119
第3节　维护 124
第4节　美容与装饰 146

参考文献 170

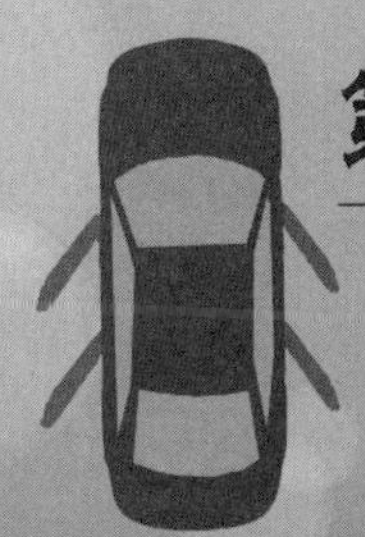

第1章 基础驾驶技能

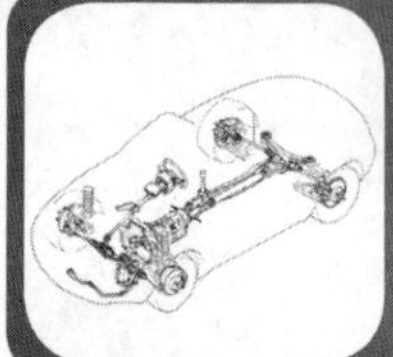

第 1 节 驾驶坐姿

1 正确坐姿

作为一名合格的驾驶员，从学习汽车驾驶技术开始，就要注意采用规范的驾驶坐姿。正确的驾驶坐姿有利于驾驶操作，减少错误动作，便于观察仪表和道路情况，便于运用各种驾驶操纵装置，从而保证正确、灵活、敏捷、持久、安全地进行驾驶操作，确保驾驶安全。同时，规范、正确的驾驶坐姿，还能减轻驾驶员的疲劳程度，保证驾驶工作持久，确保驾驶员身体健康，减少职业病的发生。因此，驾驶员必须掌握正确的驾驶坐姿。

坐姿过高或过低，均会影响驾驶员的观察，妨碍交通信息的及时搜集，对安全行车不利，特别是在上、下坡道和弯道行驶时，观察地形更为重要，稍有遗漏就有可能诱发交通事故。

正确的驾驶坐姿是：身体正对转向盘，后背紧靠座椅靠背，臀部顶住座椅角，尽量往后靠，两眼前视，两手分别握住转向盘两侧，左手握在转向盘上 9~10 时位置，右手握在转向盘上 3~4 时位置，两肘自然下垂，全身自然放松，两膝分开倒八字形，右脚掌放在加速踏板上，左脚自然地放在离合器踏板的左下方，脚步能伸缩自如，将踏板踏到底时膝盖不需伸直，如图 1-1 所示。

图 1-1 正确的驾驶坐姿

2 基础调整

1 座椅的调整

（1）座椅位置调整不当，将不

利于驾驶员的操作，容易导致操作失误而影响驾驶安全，同时也增加了驾驶员的疲劳程度。在驾驶车辆前做好座椅的调整，如图 1-2 所示。

图 1-2 座椅的调整

（2）座椅前后的调整：为了获得正确、舒适的驾驶坐姿，驾驶员可对座椅的前后和上下位置进行调整。通常使用座椅下方的调整杆来实现（现代轿车部分车辆座椅可以通过电动按钮进行调节），扳动调整杆，使锁止装置松开，用身体的力量推动座椅前后滑动，至合适的位置时，放下并锁定调整杆，如图 1-3 所示。

（3）座椅靠背倾角的调整：座椅靠背倾角的调整装置因车而异，有的车型采用电动调整，有的车型在座椅的右侧设有调整旋钮，转动旋钮即可实现调整，有的车型则是在座椅的左侧设有调整旋钮，调整时转动调整旋钮，以背部的力量调整靠背倾角，如图 1-4 所示。

图 1-3 座椅前后的调整

图 1-4 座椅靠背倾角的调整

（4）座椅高度的调整：向下调整座椅高度时，将手柄向下扳动，利用人体重量向下压到合适位置后，松开手柄即可；向上调整座椅高度时，人体稍稍离开座椅将手柄向上扳动，利用座椅弹簧弹力使座椅向上移动，到位后松开手柄即可。有的车型座椅高度调整采用电动调整方式，如图 1-5 所示。

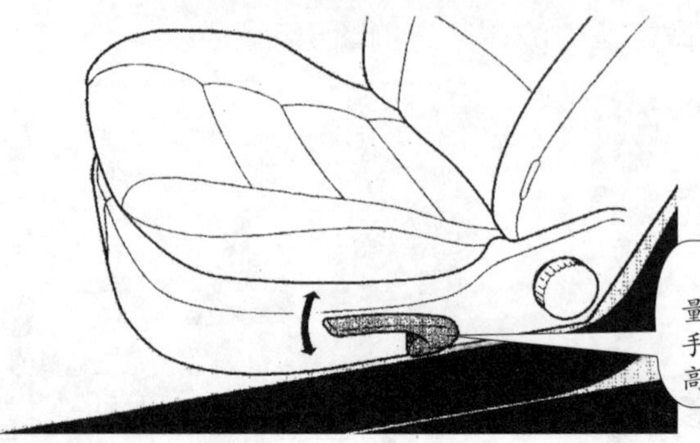

图 1-5　座椅高度的调整

2 后视镜的调整

后视镜的调整：为了便于观察车辆后方和两侧的交通状况，驾驶车辆前驾驶员应将车内和车外的后视镜调整到合适的观看位置。

（1）车内后视镜的调整：用手调整车内后视镜，使后方的车辆映在后视镜中间的位置为最佳。尽量不要用手接触后视镜镜面，防止脏污，如图 1-6 所示。

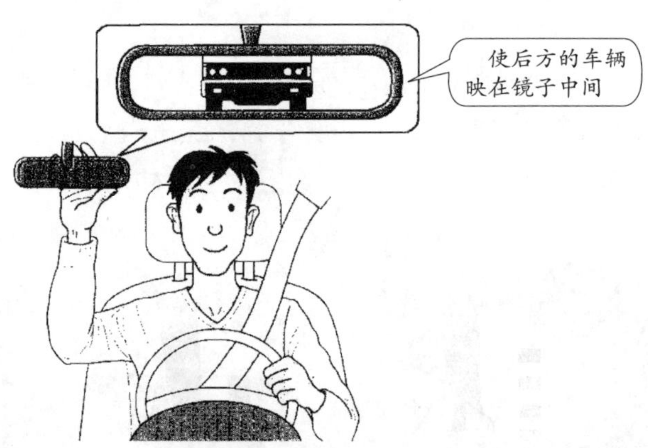

图 1-6　车内后视镜的调整

（2）夜间行车时，为了防止后车灯光炫目，可调整车内后视镜（向后扳动车内后视镜即可，有些车型在后视镜下方有调整按钮），使其处于防眩位置，如图 1-7 所示。

（3）车外后视镜：车外后视镜的调整方法因车而异，有手动和电动调整两种结构，但必须调整到图 1-8 所示的位置。

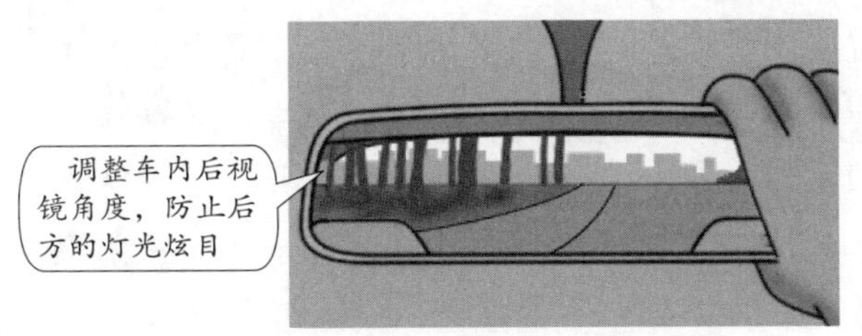

图 1-7　夜间行车时车内后视镜的调整

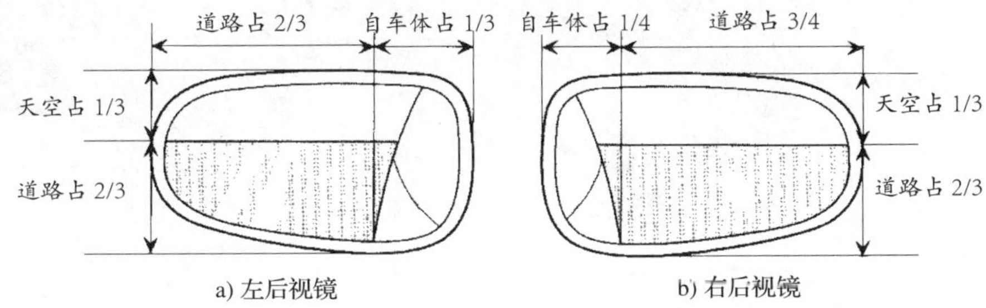

a) 左后视镜　　b) 右后视镜

图 1-8　车外后视镜的调整

3 安全带的使用

安全带的检查和使用：为了驾驶安全，驾驶车辆前必须养成系安全带的习惯。

（1）安全带锁止机构的检查：用手缓慢地向下拉动安全带时，安全带应能顺利地从卷绕器中拉出；若是猛地用力拉动安全带，应拉不动（即安全带被锁止，不能伸长）；否则，说明安全带无效，如图 1-9 所示。

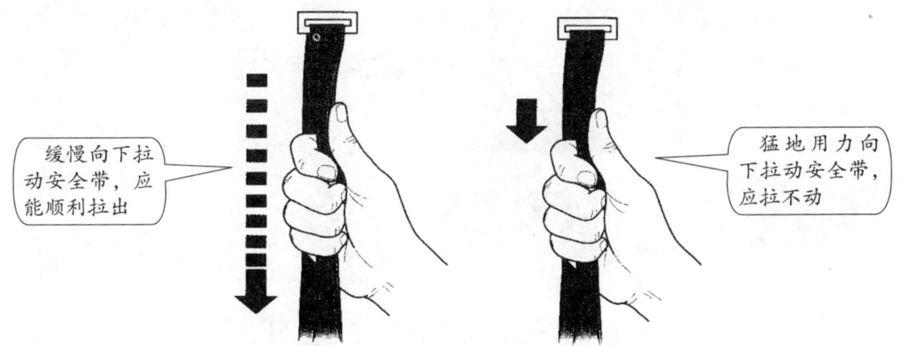

图 1-9　安全带锁止机构的检查

（2）安全带的使用。

①系安全带：用手拉住安全带锁扣的一端，尽量长的拉出些带体，使之从人体盆骨前均匀拉过，将锁扣伸入连在座位另一侧的锁座内，听到“咔哒”声说明安全带已锁合，为了安全应再次用手拉动安全带确认锁止。调节肩带的长度使之处于胸部附近，并将其松紧度调至可放进一个拳头为最佳，如图1-10所示。

②松解安全带：按下锁座上的按钮，安全带方能解开，如图1-11所示。

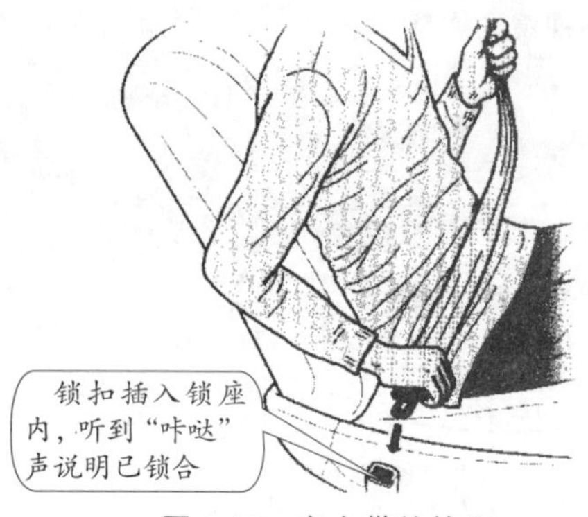

图1-10　安全带的使用

图1-11　松解安全带

第2节
新车初驶

汽车作为现代运输工具之一，越来越多地被人们广泛应用。汽车结构复杂，各总成、组合件、零部件的工作情况差异很大，因此，汽车在不同的使用阶段有不同的使用要求。实践证明，汽车在走合期的使用正确与否直接关系到汽车的使用寿命、工作可靠性和经济性。

1 汽车走合期的特点

走合期是指新车、大修后车辆最初的使用阶段。不同品牌的汽车对走合期有不同的规定，一般汽车走合里程规定为1000～2500km。

汽车走合期的特点有以下3点。

1 各部件运动速度快、压力大

随着汽车工业机械加工技术的提高，汽车零部件加工表面精度、质量有了很大的提高。新车和大修竣工车辆在生产过程中虽已经进行了走合，但各部件的加工表面仍存在各种微观的或宏观的几何形状偏差，比如存在着表面粗糙度、圆度、圆柱度、直线度等误差；另外，总成及各部件的装配也有一定的允许误差。因此，新车在使用初期，零部件表面的实际单位压力要比理论计算值大得多。在这种情况下，将使零部件摩擦表面的润滑油膜薄厚不一，各部件在相对高速运动中，将导致润滑油膜被破坏和局部温度升高，使零部件摩擦表面迅速磨损或损坏。

2 耗油量高

汽车在生产和装配过程中的误差，使汽缸的密封度和各运动附件的配合度受到影响，造成运动阻力增大，油耗增加。

3 润滑油易变质

润滑油在润滑过程中，不断冲刷着零部件的表面，把磨损下来的金属屑带走，并承受着局部高温。这样的工作状况，加快了润滑油的变质和氧化。

汽车走合期的以上特点使得人们常常感到新车不如使用一段时间后的汽车在动力性、经济性、制动性等方面表现更佳。汽车在走合期内若以全负荷运行，势必会造成零部件的不正常磨损，从而影响汽车的使用寿命、工作可靠性和经济性。因此，对汽车走合期内的使用和维护都有特殊的规定。

2 汽车走合期的驾驶要求

汽车的使用寿命、工作可靠性和经济性在一定程度上取决于走合期的使用方式。为此，汽车走合期必须遵循的主要规定是：减载，限速，正确选用燃料、润料和正确驾驶，不允许拖挂，不允许牵引其他机械和车辆等。具体地说，必须遵守下列规定：

（1）发动机起动后，不要急剧增加其转速，不允许连续猛踏加速踏板，不

允许节气门全开状态下运行。避免在高转速（或低转速）连续恒速运转，用中等转速运转发动机为宜，一般不超过最高转速的 80%。

（2）在汽车行驶中，不要超过各个挡位的最高速度，不允许长时间地高速行驶或高速挡位时加速行驶，行驶速度一般控制在各挡位允许最高速度的 70% 以内。不要以单一速度长时间快速或慢速行驶，不要在高速挡情况下缓慢驾驶。

（3）根据道路的不同条件及时换挡，充分考虑到发动机在走合期动力性较差，提前换低速挡，不要勉强用高速挡行驶，以免发动机负荷过大；车辆载荷不允许超过额定载荷的 75%。

（4）避免紧急制动，以免损坏零部件。平缓地进行制动，能较好地走合并延长其使用寿命。为了尽可能地缩短制动器的走合时间，汽车在第一个 200km 行驶期间，可通过适当地增加点制动次数加速制动器的走合。

（5）保持发动机工作温度在规定范围（80～90℃）。

（6）选用品质好（或生产厂家规定）的燃料和润滑油，加强各润滑部位润滑，及时对已松动的螺栓、螺母进行紧固。

根据走合期的使用规定，驾驶员要牢记新车驾驶 9 个禁忌：

（1）忌高速行驶。新车走合阶段都有速度规定，国产车一般规定在 40～70km/h。进口车一般规定在最初的 1000km 行驶期间内，当节气门全开时车速不超过最高车速的 80%，且要求在使用时注意观察发动机转速表和车速表，使发动机转速和车速都在中速下工作。

（2）忌满载运行。新车或刚大修好的车满载运行将会对零部件造成损坏，因此，在最初的 1000km 行驶期间内，国产车不能超过额定载荷的 80%；进口车不能超过额定载荷的 90%。

（3）忌长途行驶。新车长途行驶，会使发动机连续工作的时间增长，造成零部件磨损加剧。

（4）忌紧急制动。紧急制动不但使走合中的制动系统受到冲击，而且加大了底盘和发动机的冲击负荷，所以在最初行驶的 300km 内不要采取紧急制动。另外，新车的轮胎在开始使用时并不具有最佳的路面附着力，新车制动摩擦片在刚使用时也不具有最佳摩擦力，此时会产生制动力不足，制动距离增长等问题，因此，在 200km 以内应该小心驾驶，特别是在 100km 内必须低速驾驶。另外，在走合期内，应该采取缓和制动，多次制动，避免紧急制动和长时间制动，或用发动机制动。如确有突发情况需紧急制动时，也应尽量先踏下离合器踏板，以减少对发动机零部件的冲击。

（5）忌不及时换挡。行驶中应及时换挡，不能采用高挡低速行驶或低挡高速行驶，也不要长时间使用一个挡位行驶。

（6）忌用油不规范。新车使用的燃油和机油最好是厂家规定的品牌型号，不能低于厂家规定的质量标准。

（7）忌驾驶操作粗心大意。发动机起动时不要猛踏加速踏板，严格控制加速踏板行程，以免发动机高速运转；待冷却液温度升到 50～60℃时再起步，行驶中应注意冷却液温度控制在 80～90℃范围内；注意选择良好路面，保持中速行驶，尽量避免猛加速和紧急制动，节气门开度要小，操作要轻，不要在恶劣道路上行驶。

（8）忌不进行走合维护。不按规定进行走合维护，将会加剧各零部件磨损，缩短汽车使用寿命。

（9）忌担任教练车。初学驾驶人员操作不规范，对车辆的损害相当大，另外新车没有装备副制动、副喇叭等辅助设施，做教练车有极大危险。用新车做教练车，误己误人，贻害无穷。

第 3 节 各种操纵装置的使用

驾驶室内最主要的操纵装置如图 1-12 所示。

图 1-12　主要操纵装置

1 转向盘

转向盘用于控制汽车的行驶方向，操纵汽车的行驶路线。

（1）手的握法。四指由外向里握住转向盘轮缘，拇指由上向下握紧转向盘轮缘。

（2）手的位置。由于各种汽车转向盘的直径大小和倾角不同，因此手握转向盘的位置也就有所不同。轿车，左手握在转向盘上 9～10 时的位置，右手握在转向盘上 2～3 时的位置，如图 1-13 所示。

长头式客车或长头式货车，左手握在转向盘上 9～10 时的位置，右手握在转向盘上 3～4 时的位置，如图 1-14 所示。

平头式客车或平头式货车，左手握在转向盘上 8～9 时的位置，右手握在转向盘上 3～4 时的位置，如图 1-15 所示。

图 1-13　轿车手握转向盘的位置

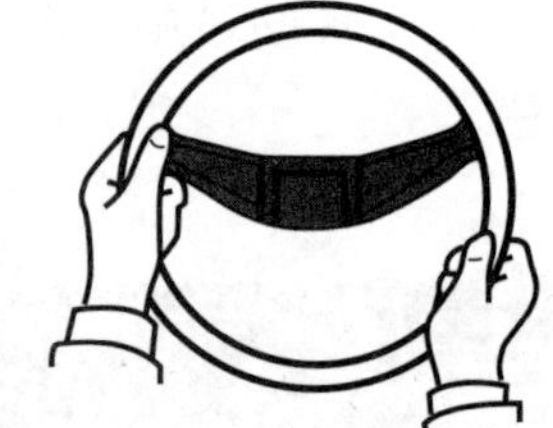
图 1-14　长头式客车或长头式货车手握转向盘的位置

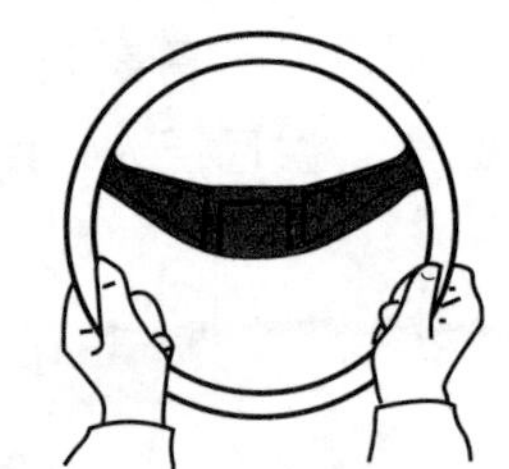
图 1-15　平头式客车或平头式货车手握转向盘的位置

（3）两手的分工：操纵转向盘时两手的用力方法：以左手为主，右手为辅。这样，当右手操纵其他零部件时，左手仍能自如地控制转向盘。行驶中，除一手在操纵其他零部件之外，不得单手操纵转向盘。

（4）小角度转向——推拉手法：汽车直线行驶需要修正方向或需小角度转弯时，双手应自然握稳转向盘，以右转弯为例，以左手推送为主，右手拉动为辅。在下方的手未到转向盘上 6 时位置时，双手应在原握位往上推拉，不必换位。在凹凸不平路面行驶时，要握紧转向盘，以免转向盘急速回转而打伤手指，如图 1-16 所示。

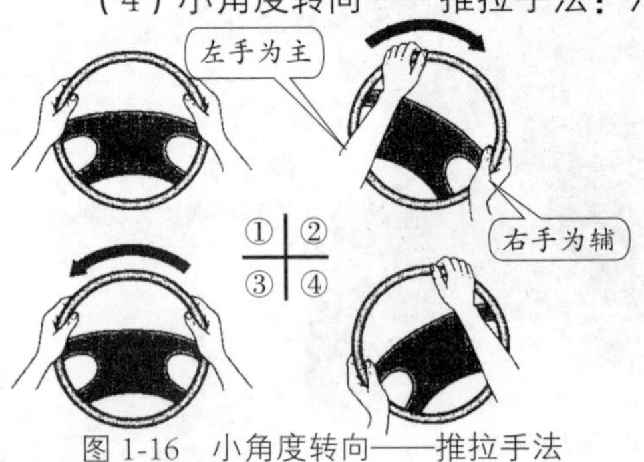

图 1-16　小角度转向——推拉手法

（5）转弯时转向盘的使用。

①大角度转向——传递法。汽车需进行角度较大的左右转向时，如操作时下方的手转过转向盘上6时的位置，上方的手在推下来的同时，下方的手应迅速移至适当的位置，如图1-17所示。

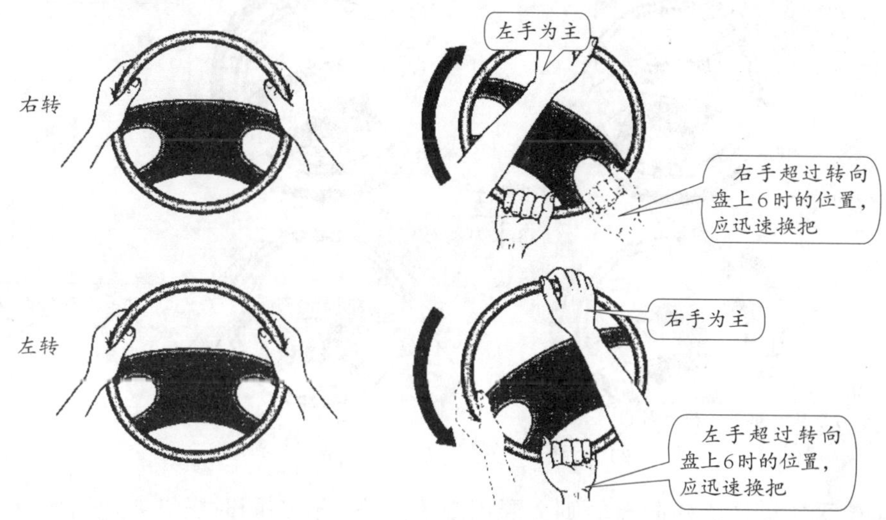

图1-17 大角度转向——传递法

②连续转向——交叉法。用于汽车的急转弯或者掉头。连续转向时应两手交替，快速推拉转向盘，切忌双手同时离开转向盘。现以右转弯为例，如图1-18所示。

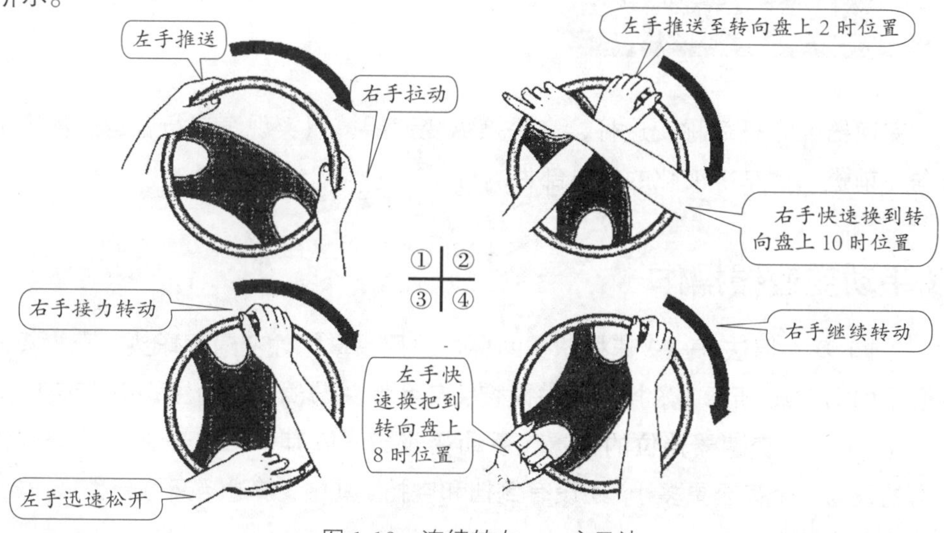

图1-18 连续转向——交叉法

③车辆转向完成后，应及时回正方向，以右转弯后回正转向盘为例，如图1-19所示。

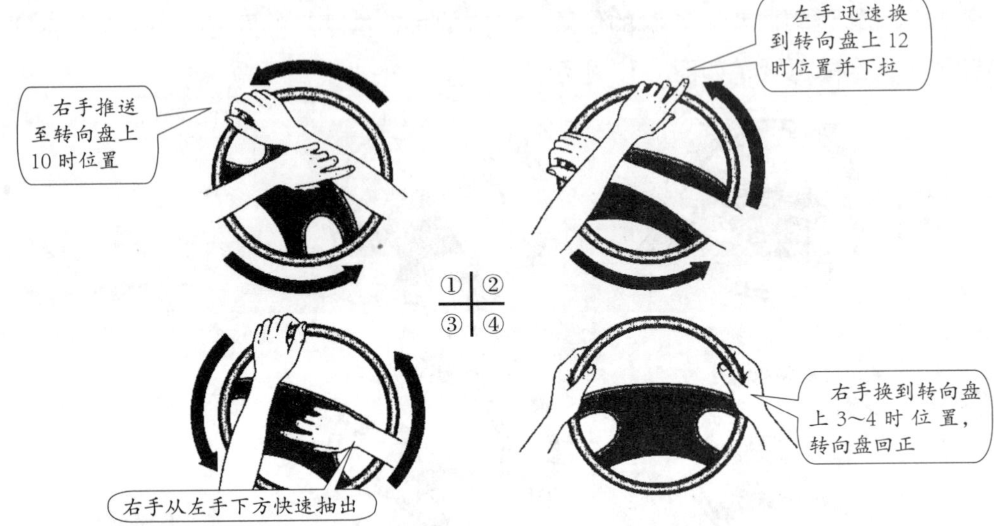

图1-19　右转弯后转向盘回正

④单手操纵法。转向盘原则上要用双手操作，但在同时操纵变速器操纵杆时不得不用单手操作。单手操纵时应注意左手上臂用力向内夹紧，两大腿向上稍用力，使身体重心下移，以保证单手操作时方向的稳定性。

2 变速器操纵杆

变速器操纵杆简称变速杆，它是操纵变速器，以实现汽车行驶速度和行驶方向（前进、倒车）变化的操纵部件。

1 手动变速器操作

（1）基本握法——变速杆球头的握法。用手掌握住变速杆球头，五指握向手心（如图1-20所示）。换挡时，以腕关节和肘关节的力量为主，肩关节为辅。

（2）手动变速器挡位的设置。手动变速器一般有4~5个前进挡（现代汽车有的设置6个甚至更多），还设有倒挡和空挡。其中，前进挡又可分为低速挡、中速挡和高速挡。

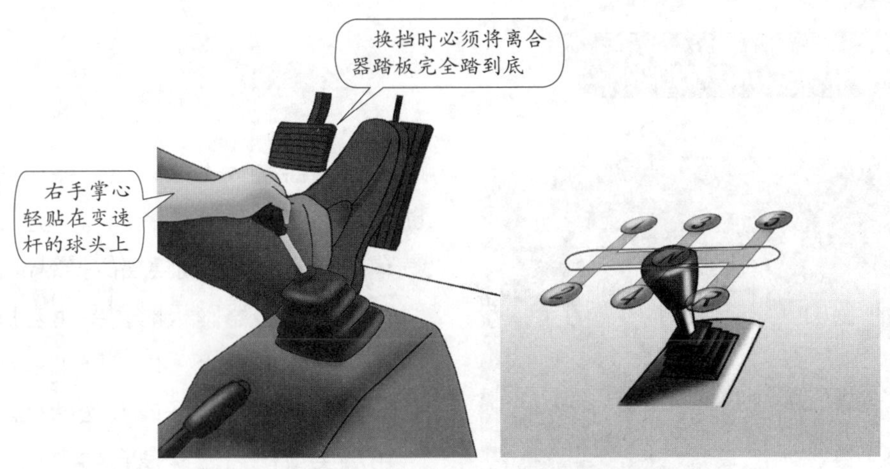

图 1-20　变速器握法及挡位设置

①低速挡用于起步、低速行驶、爬陡坡。

②高速挡用于在通行条件较好的路面上高速行驶。

③中速挡用于低速、高速之间的过渡，或者汽车中速行驶时使用。

④倒挡用于汽车倒车行驶；当汽车在下陡坡熄火停车时，可将变速杆挂入倒挡，以增强驻车制动力。倒挡通常设有倒挡锁，在需要倒车时，首先将变速杆移入空挡，再按下（或提起）变速杆上的倒挡锁才能挂入倒挡。

2 自动变速器的操作

常见的自动变速器挡位有："P"位，驻车、起动发动机时使用；"R"位，倒车时使用；"N"位（空挡），临时停车或换挡时使用；"D"位，正常行驶时使用；"2"位，一般坡道或缓坡行驶时使用；"L"或"1"位，陡坡行驶时使用。自动变速器换挡时，只有踏下制动踏板，按下变速杆或变速杆按钮，才能从"P"位换入其他挡位。"P"位、"R"位、"N"位只能在车停稳不动时才能挂入。

变速杆处于"P"位时，自动变速器中的停车锁止机构将变速器输出轴锁止，使车辆驱动轮不能转动，可防止车辆移动。只有在"P"位，才能打开点火开关起动发动机。发动机熄火后，只有在"P"位才能拔下点火钥匙。自动变速器挡位如图 1-21 所示。

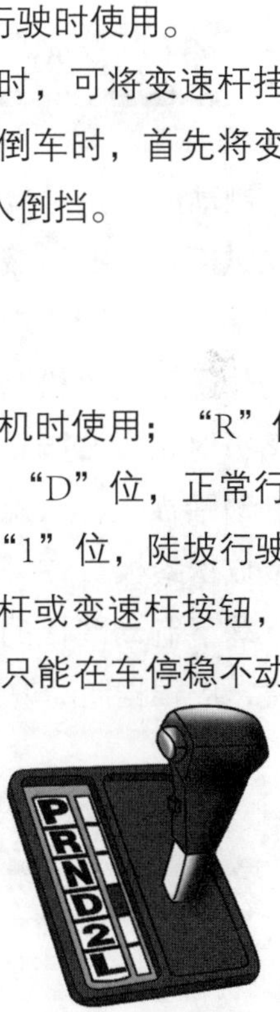

图 1-21　自动变速器挡位

3 离合器踏板

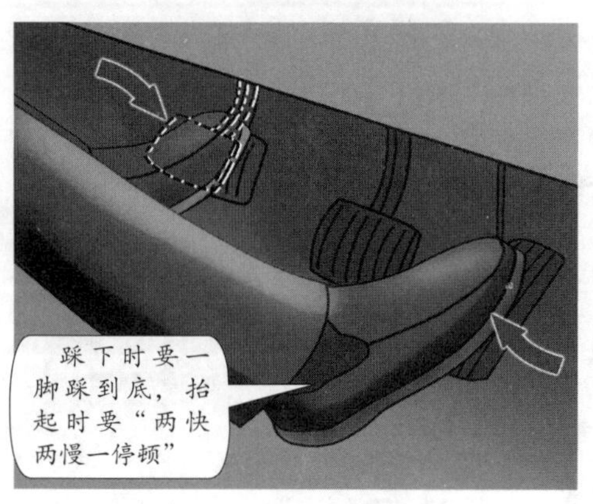

图 1-22　离合器踏板的操纵

离合器踏板是操纵离合器暂时切断发动机与传动系统的动力传递，使汽车平稳起步或顺利换挡的操纵部件。

操纵离合器踏板时，要用左脚掌踩在离合器踏板上，以左膝关节和踝关节的伸屈动作踩下或放松踏板。不可用脚尖或脚后跟踩离合器踏板，以免打滑和影响准确操作，如图 1-22 所示。

4 制动踏板

制动踏板是强制汽车减速或停车的操纵部件。操纵液压制动踏板时，右脚踩在制动踏板上，以膝关节的伸屈动作踩下或放松踏板。操纵气压制动踏板时，以右脚跟为支点，脚掌踩在制动踏板上，以踝关节伸屈动作踩下或放松踏板。

图 1-23　气压制动踏板的操纵

踩下制动踏板的行程、速度以及力度，应根据制动效果的需要而定，如图 1-23 所示。

5 加速踏板

加速踏板用于改变发动机的转速和输出功率。

操纵加速踏板时，应以右脚跟为支点，脚掌轻放在加速踏板上，以踝关节伸屈动作踩下或放松踏板。踩下加速踏板时，发动机转速升高；放松加速踏板时，发动机转速降低。车辆行驶中，右脚除必须使用制动踏板的情况外，其他时间应轻松地放在加速踏板上。踩下、放松加速踏板时用力要柔和，不可猛踩或急抬或连续抖动，如图 1-24 所示。

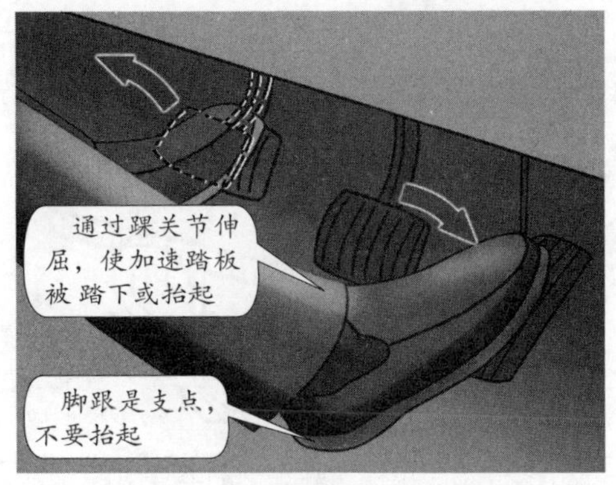

图 1-24　加速踏板的操纵

6 驻车制动器操纵杆

驻车制动器操纵杆用于操纵驻车制动器，使汽车可靠停放不至于溜滑，上坡起步时可防止汽车后溜，紧急制动时辅助行车制动。

驻车制动器操纵杆大致有 3 种类型：

（1）手柄式驻车制动器操纵杆。如图 1-25 所示，制动时，四指并拢握住驻车制动手柄，拇指虚按手柄按钮，将手柄向后拉紧。放松时，先将手柄稍向后拉，然后按下按钮，将手柄向前推送到底。

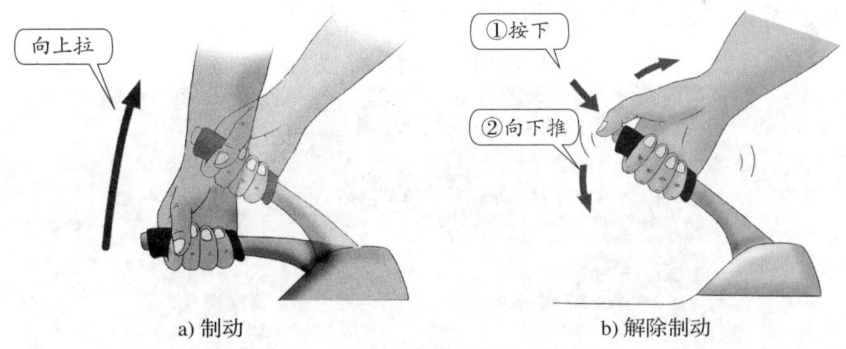

a) 制动　　b) 解除制动

图 1-25　手柄式驻车制动器操纵杆

（2）拉杆式驻车制动器操纵杆。如图 1-26 所示，制动时，用左手的力量将拉杆向外拉出即可。解除制动时，将拉杆顺时针转动 90°，推送到底，然后再回转 90°。

（3）踏板式驻车制动器操纵杆。如图 1-27 所示，制动时，踩下踏板即可。

解除制动时，轻踩踏板，同时将踏板上方的手柄向上扳动，然后放松踏板，驻车制动即可解除。

图 1-26　拉杆式驻车制动器操纵杆

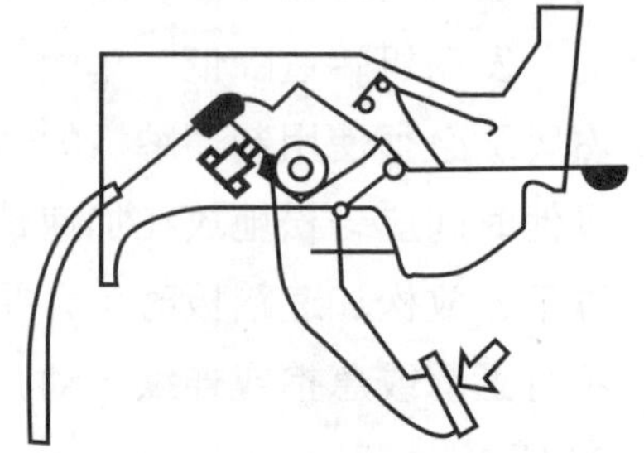

图 1-27　踏板式驻车制动器操纵杆

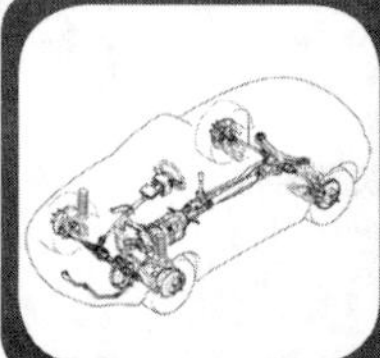

第 4 节

汽车仪表板图标

1 车内各类仪表指示灯

汽车上常见的各类仪表指示灯图标如表 1-1 所示。

车内各类仪表指示灯图标　　表 1–1

指示灯名称	指 示 灯 含 义	指示灯图标
ABS 指示灯	用来显示 ABS 工作状况。当打开发动机点火钥匙，车辆自检时，ABS 指示灯会点亮数秒，随后熄灭。如果未闪亮或者起动后仍不熄灭，表明 ABS 出现故障	ABS
EPC 指示灯	常见于大众品牌车型中。打开发动机点火钥匙，车辆开始自检时，EPC 指示灯会点亮数秒，随后熄灭。如车辆起动后仍不熄灭，说明车辆机械与电子系统出现故障	EPC
O/D 挡指示灯	用来显示自动挡的 O/D 挡（Over-Drive）超速挡的工作状态，当 O/D 挡指示灯闪亮，说明 O/D 挡已锁止，此时汽车加速能力获得提升，但会增加油耗	O/D OFF
安全带指示灯	用来显示安全带是否处于锁止状态，当安全带指示灯点亮时，说明安全带没有及时扣紧，有些车型会有相应的提示音。当安全带被及时扣紧后，该指示灯自动熄灭	

续上表

指示灯名称	指示灯含义	指示灯图标
蓄电池指示灯	用来显示蓄电池使用状态。打开发动机点火钥匙，车辆开始自检时，蓄电池指示灯点亮。发动机起动后自动熄灭。如果起动后蓄电池指示灯常亮，说明该蓄电池电压不足，需要更换	− +
机油指示灯	用来显示发动机机油的压力状况。打开发动机点火钥匙，车辆开始自检时，机油指示灯点亮，发动机起动后熄灭。该指示灯常亮，说明该车发动机油压力低于规定标准，需要维修	
油量指示灯	用来显示车辆油箱储油量的多少，当发动机点火钥匙打开，车辆进行自检时，油量指示灯会短时间点亮，随后熄灭。如起动后该指示灯点亮，则说明车内油量已不足	
车门指示灯	用来显示车辆各车门关闭状况，任意车门未关上，或者未关好，该指示灯点亮相应的车门指示灯，提示驾驶员车门未关好，当车门关闭时，相应车门指示灯熄灭	
安全气囊指示灯	用来显示安全气囊的工作状态，当打开发动机点火钥匙，车辆开始自检时，该指示灯自动点亮数秒后熄灭。如果常亮，则安全气囊出现故障	
制动盘指示灯	用来显示车辆制动盘磨损的状况。一般情况下，该指示灯为熄灭状态，当制动盘出现故障或磨损过度时，该灯点亮，修复后熄灭	
驻车制动指示灯	用来显示车辆驻车制动的状态，平时为熄灭状态。当驻车制动器操纵杆被拉起后，该指示灯自动点亮。驻车制动器操纵杆被放下时，该指示灯自动熄灭。有的车型在行驶中未放下驻车制动器操纵杆会伴随有警告音	(!)
冷却液温度指示灯	用来显示发动机内冷却液的温度，当发动机点火钥匙打开，车辆自检时，会点亮数秒后自动熄灭。如果冷却液温度指示灯常亮，说明冷却液温度超过规定值，需立刻暂停行驶。冷却液温度正常后熄灭	
发动机指示灯	用来显示车辆发动机的工作状况，当打开发动机点火钥匙，车辆自检时，该指示灯点亮后自动熄灭。如常亮则说明车辆的发动机出现了故障，需要检测维修	CHECK
转向指示灯	用来显示车辆转向灯所在的位置。通常为熄灭状态。当驾驶员点亮转向灯开关时，就会点亮相应方向的转向指示灯，转向灯熄灭后，该指示灯自动熄灭	
远光指示灯	用来显示车辆远光灯的状态。通常情况下该指示灯为熄灭状态。当驾驶员点亮远光灯时，该指示灯会同时点亮，以提示驾驶员车辆的远光灯处于开启状态	
玻璃清洁液指示灯	用来显示车辆所装玻璃清洁液的多少，平时为熄灭状态。该指示灯点亮时，说明车辆所装载玻璃清洁液已不足，需添加玻璃清洁液。添加玻璃清洁液后，该指示灯熄火	

续上表

指示灯名称	指示灯含义	指示灯图标
雾灯指示灯	用来显示前后雾灯的工作状况，当前后雾灯点亮时，该指示灯相应的标志就会点亮。关闭雾灯后，相应的指示灯熄灭	
示廓指示灯	用来显示车辆示廓灯的工作状态，平时为熄灭状态。当示廓灯打开时，该指示灯随即点亮。当示廓灯关闭或者关闭示廓灯打开前照灯时，该指示灯自动熄灭	
内循环指示灯	用来显示车辆空调系统的工作状态，平时为熄灭状态。当按下内循环按钮，车辆关闭外循环，空调系统进入内循环状态时，该指示灯自动点亮。内循环关闭时熄灭	
VSC 指示灯	用来显示车辆 VSC（电子车身稳定系统）的工作状态，多出现在日系车型上。当该指示灯点亮时，说明 VSC 系统已被关闭	VSC
TCS 指示灯	用来显示车辆 TCS（牵引力控制系统）的工作状态，多出现在日系车型上。当该指示灯点亮时，说明 TCS 系统已被关闭	

2 车内各类功能按键

汽车上常见的各类功能按键如表 1-2 所示。

车内各类功能按键图标　　表 1–2

功能按键名称	功能按键含义	功能按键图标
油箱开启键	用来在车内遥控开启加油口盖。装有该按键的车辆，驾驶员可以通过这个按键将加油口盖从车内打开。不过加油口盖的关闭需要手动在车外控制	
ESP 开关键	用来打开或关闭车辆的 ESP（电子稳定系统）。车辆的 ESP 系统默认为工作状态，为了享受更直接的驾驶感受，驾驶员可以按下该按键关闭 ESP 系统	ESP
倒车雷达键	用来打开或是关闭车上的倒车雷达系统。驾驶员可以按下该按键手动控制倒车雷达。在倒车时手动关闭倒车雷达，或是手动开启倒车雷达	P
中控锁键	车辆中控门锁的控制按钮。驾驶员可以通过按下该按钮，同时打开或是关闭各车门的门锁。也可以单独关闭某一个开启的车门，有效地保证车内人员的安全	
前照灯清洗键	用来控制前照灯的自动清洗功能。在装有前照灯清洗装置的车辆上，驾驶员可以通过按下这一按键开启前照灯清洗装置，对车辆的前照灯进行喷水清洗	
后遮阳帘键	用来控制车内电动后遮阳帘的打开与关闭。在装有电动后遮阳帘的车内，驾驶员可以通过按下这一按键打开或是开启后窗的电动遮阳帘，用来遮挡阳光	SHADE

第5节 会车、跟车、超车与让车

1 会车

1 会车前操作

汽车在行驶中，在发现对向来车时应做到以下几点。

（1）仔细观察。一是要观察道路是否有足够的宽度进行会车；二是要观察对向来车前方有无障碍物和超越障碍物的企图；三是要观察对向米车后面有无汽车要超越前车。

（2）选择会车地点。会车地点应选择在：一是道路较宽处，当道路宽度受限时应选择双方都能保证安全的较宽处会车；二是双方右前方均无障碍处。

2 会车中操作

（1）控制车速。应根据道路、气候和车型等条件适当控制车速，在视线良好、路面宽阔的一般道路上会车，若横向安全距离很大，视交通情况，可不必降低车速。在较宽（6~7m）的路面上会车时，要提前选好交会地点，同时根据来车速度、与交会点的距离等，控制好车速，会车时的车速一般应降低到30km/h以下。在路面宽度窄于5m的道路上会车时，车速要控制在15km/h以下。如气候不良或与车身较宽的车辆会车时更应降低车速，确保会车安全。

（2）保持足够的横向间距。会车时的横向间距与车速有关，车速越快，所需的横向间距越大，表1-3列出了不同车速下会车的横向最小安全距离，以供参考。

（3）注意交通情况。会车中，一要注意观察对向来车有无异常；二要注意对向来车后面有无尾随车辆准备超越；三要注意观察对向来车后面有尢行人或自行车突然闯入。如发现上述情况应立即减速，并做好停车准备。

不同车速下会车的横向最小安全距离　　表 1–3

车速（两车相同）（km/h）	横向最小安全距离（m）	车轮至路边最短距离（m）
20	0.50	0.50
30	0.80	0.60
40	1.00	0.70
50	1.10	0.80
60	1.20	0.90
70	1.20	1.00
80	1.20	1.10
90	1.20	1.20
100	1.20	1.20

3 会车操作经验

1）礼让“三先”

驾驶人在会车时必须遵守交通法规，自觉做到礼让“三先”，即“先让、先慢、先停”。千万不要争道抢行，遇到难行之处，要“宁停三分不抢一秒”。按照会车规定：会车有困难时，有让路条件的一方让对向车辆先行；在有障碍的路段会车时，有障碍的一方让对向车辆先行；在狭窄的坡路会车时，下坡车让上坡车先行，但下坡车已行至中途而上坡车未上坡时，让下坡车先行。

2）正确处理障碍物对会车的影响

当会车地点有障碍物时，要根据双方车速和与障碍物的距离灵活处置。如自己车速慢、距障碍物又较远，要等对向来车通过障碍物后再会车；如自己车与障碍物较近，来车速度较慢或离障碍物较远时，可先加速通过障碍物，然后再与来车交会；如对前方障碍物判断无把握，就要果断采取让对向车辆先行的措施，自己先慢下来，待对向车辆通过障碍物后再通过；如障碍区段较长，两车均已进入狭窄路段（这种情况在维修路段常能遇到）时，自己要首先找一个较宽的地段停下，让出路面，千万不可互不相让，形成僵持局面。

3）气候及道路条件不良时要谨慎会车

在雨雪天及冰雪路、泥泞路会车时，因路面湿滑，必须提前减速，选择宽阔路面交会，必要时停车交会。靠边让路时切不可驶进路基，土质路基被雨浸湿后，既滑又软，轻则引起车轮打滑下陷，重则汽车滑出路面或压塌路基造成翻车。交会瞬间还应注意不可使用紧急制动，以防侧滑引起碰撞。

4）夜间会车注意灯光使用

夜间会车时，要及时变换灯光，并加大横向间距，必要时可停车避让。在照明良好的道路上行驶，不准使用远光灯；在没有路灯或虽有路灯但照明不好的道路上，可以使用远光灯，但须在距对向来车150m以外时互闭远光灯，改用近光灯；在窄路、窄桥（指宽度在3.5m以下）与非机动车会车时，不准持续使用远光灯。

4 会车禁忌

1）忌会车时争道抢行

与车辆交会遇有障碍物时，要正确处理障碍物对会车的影响，不可争道抢行，切忌形成自己车、对向来车和障碍物“三点一线”交会的局面。特别是在道路不够宽而障碍物却又较大的路段更应如此，如果路遇自行车、行人的话，则更加危险。

2）忌会车时顾此失彼

有些新手在会车中只把眼睛盯在对向来车上，而忽视了来车后面的尾随车辆、行人及非机动车。当汽车在较窄的道路上行驶时，对向来车为车身较大的货车，车后情况不易判断，在会车时要特别小心，如与前车交会后立即驶向路中，有可能与来车后面的尾随车辆相撞。为防止这种现象发生，会车时应注意以下几点：第一，要注意观察来车的车型，如果对向来车的车型是重型货车，体形大，要提防有小型车辆尾随其后；第二，会车前要尽量靠右侧行驶，以便能沿斜线观察来车后方的情况；第三，会车后不要立即转向左方，如果会车时己车前方有障碍物，在绕过障碍物之前必须看清对向大型车辆的后边有无其他小型车辆。

3）忌会车地点不当

在窄桥、窄路、隧道、急弯等复杂危险地点会车时，应视对向来车车型、车速和道路条件等情况，正确地控制车速，避开复杂危险地段，选择宽阔路面交会。若距离危险地段比对向来车远，则提前减速或停车让来车先通过危险地段，反之可提前加速通过危险地段，再与对向来车交会。弯道处会车，视线受阻，要严格遵守靠右通行原则，保持一定的横向间距，严禁占道行驶，确保安全会车。

2 跟车

驾驶汽车在道路上行驶时，经常需要尾随前方车辆前行，即跟车。掌握正确的跟车方法，保持合适的跟车距离，对减少事故有重要意义。

1 跟车技巧

跟车时，前后车之间必须保持一定的安全距离，在前车减速或制动时，后车有足够的时间供驾驶员作出反应，采取制动措施，不致发生追尾事故。跟车距离应根据车速、道路、气候和交通等情况确定。

1）根据车速确定跟车距离

行驶中，车速越快，车辆的间距应越大。不同车速下的跟车距离见表 1-4。高速公路设有车辆纵向距离测量标牌，能够帮助驾驶员估算与前车的距离。

不同车速下的跟车距离　　表 1–4

车速（km/h）	跟车距离（m）	车速（km/h）	跟车距离（m）
20	10	70	70
30	15	80	80
40	25	90	90
50	35	100	100
60	45	> 100	与车速数值相同

2）根据道路情况确定跟车距离

在砂石、泥泞路面，或路面上有雨水、冰雪时，应增大跟车间距。在坡道上行驶，上坡跟车时，因有上坡阻力的影响，跟车距离可以比平路上稍短一些；下坡跟车时，因下坡车辆有自动下滑的趋势，制动距离比平路上要长，所以跟车距离比在平路上要适当地加大。

3）根据气候确定跟车距离

在遇风、雨、雪、雾等恶劣天气时应增大跟车间距。

4）根据交通情况确定跟车距离

在市区一般道路上应保持的跟车距离为20m，在市区繁华的街道上，应与前车保持5m的距离，或根据道路交通提示确定。

2 跟车经验

1）精力集中

跟车时精力要高度集中，使自己所驾车辆在前车出现意外情况停车时，都能及时停下来，即使制动灯不亮，或突然侧滑、甩尾时，也能从容应付。

2）控制车距

跟车时，应保持适当的车间距离。若车距过小，则视角变小，视线不良，盲区增大，给驾驶员处理情况增加许多不利因素，同时前车紧急制动容易发生追尾事故；若车距过大，则很容易被后边的车辆超越而“插队”，自己的车便会“掉队”跟不上前车，如果所有的车辆跟车距离都过大，则会影响道路交通流量，特别是在城区行驶，这点更为突出。

3）注意观察

在遇转弯或前车超车时，要注意观察、判断，以防发生突发情况时措手不及。

3 跟车禁忌

1）忌车距不当

跟车距离过小或过大都不正确。有些驾驶员不顾主客观条件，与前车保持极小的车间距离，误认为前车发现情况能停住，自己的车也一定能停住；还有些驾驶员害怕出事，不管交通条件多好，都保持过大的跟车距离，使道路交通容量减小，影响车辆通行。

2）忌车速不当

有的驾驶员跟车时车速忽快忽慢，一会儿急加速，一会儿又制动减速，频繁地换挡，这不仅增加了驾驶员的操作疲劳程序，而且还会造成其他车辆危险情况的发生。

3）忌随流跟车

在车队行驶时，有的驾驶员漫不经心地跟随车流行驶，且把注意点固定在前车上，这是十分危险的。由于前后车速度相同，长时间的定向观察极易形成“静止视野”而逐渐引发意识低下，导致驾驶员在不知不觉中失去驾驶感觉，动作反应迟钝，这也是引发多车碰撞事故的主要原因。

3 超车

超车一般是在高速行驶的情况下进行的，如果不能很好地处理超车中的安全问题，随时都可能发生事故。

1 超车操作技巧

1）超车前的操作要领

①了解车辆性能。超车前，驾驶员应充分了解本车的加速性能、制动性能及喇叭、转向灯等总成的工作情况，并正确判断前车车速，果断决策能否超越前车，必须在有十分把握的情况下才能超车。

②选择超车路段。应选择平直宽阔、视线良好、左右均无障碍且前方路段150m范围内没有来车的路段超车。在交叉路口、陡坡、急弯等险要路段，以及设有禁止超车标志的地方严禁超车。

③判断超车距离与时间。超车一般要占用道路中心或借用对向车道，与前车并行的距离及时间越长，危险性就越大。所以，驾驶员要安全超车，除了应掌握超车的条件和方法外，还应了解一次超车需要行驶的距离和时间。

2）超越时的操作要领

超车时，先提高车速，向前车左侧接近，打开左转向灯。在距离前车20～30m处鸣喇叭（选择的超车路段若在不准鸣喇叭的市区或在夜间可断续开闭远光灯示意）通知前车。在确认前车让超后，与被超车保持一定横向安全距离，从左侧超越。

3）超越后的操作要领

超越前车后，应继续沿超车道行驶，不能过早地驶入原来的行驶路线，在超过被超车 20～30m 后，打开右转向灯，驶回原车道，关闭转向灯。

2 超车操作经验

1）把握好超车时机

超车前要仔细观察前车动态、道路和交通等情况，确定超车的时机。一是要在前车前方交通、道路状况良好时超车，前车前方没有禁止超车的场所，在超车距离内，没有迫使前车向左侧变更行驶方向的可能，没有阻碍己车在道路左侧正常行驶的任何障碍。二是在对向来车不影响超车时超车，在超车前，可见到的对向来车远在超车距离以外，当超过前车时，不会因对向来车影响正常行驶。三是在前车的行驶速度较低时超车，被超越车辆的行驶速度比本车的速度慢，己车能以最高速以下的车速快速超过，而超车全过程不至于己车以最大功率、最高车速久超不过。四是道路有足够宽度，可以并行三辆以上汽车，在不会影响其他车辆行驶时超车。

2）超车时应保持适当的横向距离

横向距离包括：右侧与被超车之间的距离；左侧与可行路面边沿之间的距离。行驶速度越快横向距离就要越大，行驶速度在 40～60km/h 时最小横向安全间距是 1m，车轮至路边的最短距离是 0.7m。超车时，有的驾驶员往往只注意一侧的横向间距而忽视另一侧的横向间距，这种顾此失彼的现象会造成剐蹭或翻车事故。超车时掌握横向距离并要左右兼顾，准确估计，同时掌握方向，注意车速，尽量减少汽车的横向振摆，以利安全超车。

3）恰当处理超车出现的险情

如由于超车前观察不仔细，判断不准确，在超越时突然发现对向来车临近，道路左侧出现障碍物，横向间隙过小而有剐蹭可能等紧急情况时，切莫抱侥幸心理，一错再错，冒险超越，此时此刻要沉着冷静，毫不犹豫地打消继续超车念头，立即松抬加速踏板，降低车速，并根据交通情况缓慢地踩下制动踏板，使汽车减速，利用时间差，让被超车前行腾出空间后，切入道路右侧，从而避开险情。在处理上述险情时，必须慎用紧急制动。有时往往因驾驶员临危惊慌失措，盲目使用紧急制动，导致本可能避免的事故发生。

4）超越道边停驶车辆不可大意

超越在路边停驶的车辆，要防止停驶车突然开启车门，或人从车底下钻出、从车上跳下，或其他行人、非机动车从该车前侧穿出。同时还要防止停驶车突然起步驶入车道而发生事故。超越前，应松抬加速踏板，利用发动机牵引阻力减速，多鸣喇叭，注意观察，加大与停驶车的横向间距，并做好停车等应急准备。

3 超车禁忌

1）忌强行超车

前车由于未觉察到超车信号或不具备让车条件等原因，暂无让车表示时，不能急躁，应选择适当路段，再给以超车信号，待前车让超后，方可超车，切不可强行超车。需要注意的是，此时即使前车靠右行驶，也应观察清楚，判断准确。前车靠右有多种可能，可能是让车，也可能是避绕路中坑、沟等障碍物，可能左转弯，也可能让路口要驶入的车辆，还可能准备会车等，稍有疏忽大意，就会导致失误。对少数故意不让超者，一定要冷静对待，这时尽管是前车驾驶员违反交通法规，但是我们也有避免事故发生的责任，不能强行超车。

2）忌超车时机不当

下列时机不准超车：

①前车示意左转弯、掉头时，不准超车。

②预计在超车过程中与对向来车有会车可能时，不准超车。如果距对向车道上来车较近（一般为150m）时超车，很可能在超越未完成时就发生碰撞。当被超越车辆的行驶速度较高时，这一距离还应适当加大。

③前车正在超车时，不准超车。由于前车加速行驶，一是不容易超越，超越时间加长，危险性加大；二是两辆超越车抢道并行，容易引起车祸，这种双重超车是不允许的。

④气候条件不良，如狂风、暴雨、大雪、浓雾等恶劣天气时，不准超车。

3）忌超车场合不当

①通过胡同（里巷）、铁路道口、急弯路、窄路、窄桥、隧道时，不准超车。

②行经交叉路口、人行横道、漫水路或漫水桥时，不准超车。

③汽车行至弯道、陡坡等处，不准超车。由于这些地方视线受阻，无法加速行驶。另外，很可能对向有车辆驶来，处理不当会发生撞车。

④在泥泞、冰雪道路上，不准超车。

4）忌对不肯让超的车实施报复

对于不肯让超的车，驾驶员不可烦躁，要有耐心，应反复鸣喇叭提醒前车，跟车距离可适当缩短一些，一有机会便快速超越。超越后切不可采取甩尾、靠边挤逼、紧急制动等报复行为，以防被超车来不及反应而发生碰撞或操作不当发生翻车等意外事故。

4 让车

“让车”是“让超车”的简称，即让后面车辆超越。让车是为后车超越创造良好的条件，车辆在行驶中，应做到安全礼让。

1 让车技巧

1）注意观察

行车中随时注意观察后面有无准备超越的车辆，一旦发现有超越车辆，要及时让车，有些旧车在行驶中车辆驾驶室内噪声太大，或者是冬季驾驶室玻璃窗关闭，听不到超越车辆发出的喇叭信号，特别是有些小轿车的电喇叭不够响，驾驶员不易听到。这就要求驾驶员在行车中经常注意看后视镜，以便能及时发现后边有超越车辆。

2）安全礼让

行驶中，当发现有尾随车发出超车信号时，应根据道路、交通情况来决定是否让道，不可一遇有车辆欲超车马上就让，要视道路右侧情况，在确保己车安全的前提下才能让车。

3）减速右行

让车时应主动减速、靠右行驶，并打开右转向灯，示意后车超越。让车后，确认无其他车辆连续超车时，再驶入正常行驶路线。

②让车经验

1）选择良好路段

让车时应注意观察前方道路、交通等情况，选择道路宽阔、交通情况良好的路段让后车超越。在混行道路上让车时，不要占用非机动车道，给非机动车行驶造成困难，要注意照顾非机动车的行驶安全。

2）缩短并行时间

后车在超越过程中，如因动力不足或前方突然出现意外情况，使两车长时间并行时，应主动减速，给对向车辆超越创造条件，尽量缩短两车并行时间。

3）正确处理突发情况

让超车过程中，前方一旦突然出现意外情况，不能犹豫不决，要果断地在自己的路面上处理好，不能为避让再向左急转转向盘绕行，以免使超越车措手不及而发生事故。此时只能紧急制动或停车，待后车超越后，进一步观察后面有无连续超越的车辆，在确认安全后，方可驶入正常车道。

③让车禁忌

1）忌让车不主动

让车与超车是一个整体，主动让车是后车安全超越的保证。有些青年驾驶员存在某种不良心理，认为被别人的车超过是件丢脸的事，在行驶中，只想超越别人的车，而不想让别人的车超越自己的车，当发现后车超越信号时，长时间不让车，这会引起后车驾驶员的不满、反感和急躁，遇到性急的驾驶员，采取强行超车的行动就会导致事故发生。

2）忌让车不坚决

让车应果断，不可犹豫不决，有的驾驶员在发现后车的超越信号后，既感到让车时机不好，但又做出了让车的行动，待后车准备超车时，又决定不让车，将车又驶回道路中间，给超越车造成威胁，这样的情况如果发生在双车道上就容易发生事故。

3）忌让车不适宜

让车必须在确保己车安全行驶的前提下进行，有些驾驶员在车辆行驶中，听到后边有超车信号时，不管己车前面是否有情况，而盲目地让车，这样后车虽然通过了，己车却出现了行车困难，甚至遇到危险。

4）忌让路不让速

让车时，为使后车尽快超越，缩短并行时间，在让路的同时，必须减速。有的驾驶员听到超车信号后，虽然将车靠边行驶，表示让超车，可车速不减，认为这样既可以保证让对向车辆超车，又不影响自己的行车速度；也有的驾驶员听到后边有超车信号，向右轻打转向盘，然后加速行驶，故意给超车出难题。这样让路不让速的做法，在道路宽阔的四车道，对两辆分别位于两车道的汽车来说影响并不太大，但对于行人、自行车、拖拉机较多的复杂道路，这种做法就有一定危险。

5）忌让车后过早向左回转转向盘

后车超越后，应通过后视镜仔细观察有无连续超越的车辆，待看清无连续超越的车辆后才能回转转向盘进入正常行驶路线。若立即向左回转转向盘，有可能与后面连续超越的车辆相碰。

第6节 停车、倒车与掉头

1 停车

驾驶员关心最多的是如何开好车，如何维护车，但很少讨论到如何停车。其实如果停车操作不当，同样会对车辆和人身造成损害，酿成事故。

1 停车操作技巧

汽车停车可分为正常停车和紧急停车两种。

1）正常停车

汽车在行驶中需要停车时，驾驶员应先将右脚从加速踏板移到制动踏板上，均匀地用力踩下制动踏板，使汽车缓慢减速，同时，打开右转向灯，操作转向盘逐渐靠右侧行驶。当汽车接近停车地点时，踩下离合器踏板（此时也可同时挂入空挡），继续踩制动踏板，缓慢地向道路右侧或停车地点停靠。当汽车将要停住时，将制动踏板适当放松，然后再稍加压力，使车平顺地停在路右侧。然后拉紧驻车制动器操纵杆，将变速杆挂入一挡或倒挡，关闭点火开关，熄灭发动机，再抬起离合器踏板和制动踏板。车辆停稳后，注意观察两侧有无行人、非机动车和机动车通过，防止开门时发生交通事故。摇起车窗，下车并关闭、锁好车门。

2）紧急停车

紧急停车是在突然遇到紧急情况时采用的停车方法。紧急停车时，驾驶员应握紧转向盘，右脚迅速地从加速踏板移到制动踏板并踩下，必要时同时拉紧驻车制动器操纵杆，使车尽快停住。

2 停车经验

1）选好地点

在公路上停车首先要选好停车地点，一般应选择平坦、宽阔、交通情况良好、视距较长和不影响其他车辆交会的地段停车。在交通规则中不允许停车的地点坚决不能停车，即使在条件好的地点因为故障停车，也要及时将车推走。

2）保持间距

与其他车辆临近停放时，至少应保持 2m 的车间距离，不得与其他车辆在道路两侧并停。

3）停放整齐

汽车在城市道路上停车时，应按顺序停放，注意排列整齐，并保证汽车可以随时驶出的间隔。通常停车的方式有三种，一是呈直线停放，二是呈 90°停放，三是呈 45°停放。

4）注意观察

在车辆川流不息的地段停车，驾驶员在打开车门下车前，要先从后视镜中看看后边是否有来车（或是否有骑自行车、骑摩托车的人），以防止车门碰撞后车或碰伤骑车人。

3 停车禁忌

1）忌随意停车

按照我国道路交通安全法规规定，机动车在道路上临时停车，应当遵守下列规定：

①在设有禁停标志、标线的路段，在机动车道与非机动车道、人行道之间设有隔离设施的路段以及人行横道、施工地段，不得停车。

②交叉路口、铁路道口、急弯路、宽度不足4m的窄路、桥梁、陡坡、隧道以及距离上述地点50m以内的路段，不得停车。

③公共汽车站、急救站、加油站、消防栓或者消防队（站）门前以及距离上述地点30m以内的路段，除使用上述设施的车辆外，不得停车。

④车辆停稳前不得开车门和上下人员，开关车门不得妨碍其他车辆和行人通行。

⑤路边停车应当紧靠道路右侧，机动车驾驶员不得离开汽车，上下人员或者装卸物品后，立即驶离。

⑥城市公共汽车不得在站点以外的路段停车上下乘客。

2）忌突然停车

汽车在行驶中，当需要停车时应先打开右转向灯、减速，再靠边停车。如果突然紧急制动，就很容易使后边紧跟的车辆来不及制动而撞到车尾，发生追尾事故。

3）忌逆向停车

汽车在道路上应按行车方向停放在道路右侧，有些驾驶员为了自己方便（如需要到道路左边办事），便将汽车停在道路左侧，这就是逆向停车。逆向停车不仅会影响到左侧车道上正常行驶的车辆，而且己车也要逆向行驶方可到达停车地点，这样极易发生撞车事故。

4）忌不设标志

车辆在行驶途中因故障需要停车时，应迅速将车移至安全地段，以免妨碍交通。如车辆无法移动，应在车辆前后设置标志，以引起过往车辆注意，防止发生碰撞事故。设置标志夜间停车或在大雨、大风、大雾的天气中停车，还应打开示廓灯，如车辆有危险报警闪光灯装置，要打开危险报警闪光灯。

2 倒车

倒车行驶要比前进驾驶困难，主要是驾驶员视线受到一定限制，不易看清车后道路和障碍情况。加之倒车时，后轮变为前导向行轮，前轮变为后跟，驾驶员主观感觉上发生差异，控制转向的转向盘转动方向也发生了一些变化。所以，倒车时的操作就没有前进时顺手、方便、灵活和准确。

1 倒车操作技巧

1）选定目标

倒车前，首先要选定倒车的目标和倒车路线，以此确定转向盘的转动方向和转动量，保证倒车时的准确性。选择目标时，应注意选择较明显、易观察、牢固安全、不易被车辆碰倒，并且有对比角度的目标。

2）注意观察

倒车前，应先看清楚车辆周围情况，必要时应下车观察，确认安全后，方可倒车。倒车中，驾驶员应紧紧注视车后目标，注视方式主要有以下 3 种：

①通过后窗注视。左手握转向盘上缘，上身向右侧转，下体微斜，头转向后窗，两眼注视后方目标。

②通过后视镜注视。借助后视镜判断后轮与路沿间的距离，并以此来确定转动转向盘的幅度大小。

③通过侧方注视。右手握转向盘上缘，左手摇下左车门玻璃，转头向左伸出后视，即两眼注视后方目标。也可打开车门，左手扶在半开的车门窗框上，上体向左微斜伸出车室，转头后视目标。

3）正确操作

倒车时，起步要缓慢，并控制好速度，稳住加速踏板，必要时，用左脚踩离合器踏板将离合器控制在“半联动”，不可忽快忽慢，防止熄火或因倒车过猛而造成危险。在倒车中，如因地形或车辆转向角所限，须反复前进、后倒时，应在每次后倒或前进接近停车前的一瞬间，迅速利用车辆的移动回转转向盘，为再次前进或后倒做好转向准备，但不允许在车辆停住后强力转动转向盘，以免损坏转向机构。自动变速器车辆倒车行驶，应在轿车完全停稳后将变速杆移至R位。如果是在平坦的路面倒车，松开制动踏板和驻车制动器操纵杆后，以发动机的怠速缓慢倒车即可，无须踩加速踏板。如果倒车中要越过台阶或其他障碍物时，应缓慢踩下加速踏板，并在越过障碍物后及时松抬加速踏板，必要时制动。

2 倒车操作经验

1）选择好倒车路段

由于倒车操作比较困难，应选择道路宽阔及视线良好、交通情况不太复杂的路段倒车。尽量避免在道路较差及视线不良、人员较多、交通情况复杂的路段倒车。禁止在铁路道口、交叉路口、单行线、弯路、窄路、桥梁、陡坡、隧道和交通繁华路段倒车。

2）控制好转向盘

直线倒车时，应使前轮保持正直方向后倒。转向盘的运用与前进时一样，如车尾向左（右）偏斜，应立即将转向盘向右（左）稍稍回转修正，转向盘要少转少回，回转转向盘的时机要稍提前，车尾接近正直时，即回正方向，以保证车辆直线后倒。倒车转弯时，要本着“慢行车、快转向”的原则进行操作。要使车尾向左（右）转弯，转向盘也应向左（右）转动，弯急要转得多而快，弯缓要转得少而慢。

3）兼顾到车前车后

倒车时，既要顾后，又要瞻前，即车尾和前轮都要照顾到。在有障碍的路段倒车，当后轮通过障碍后，要立即回头照顾前轮与障碍物的位置关系。尤其是倒车转弯时，外侧前轮轮迹的弯曲度大于后轮，因此在照顾全车动向的前提下，还要特别注意前外侧车轮以及翼子板是否会剐蹭路旁障碍物。倒车中，一旦感到碰撞到异物，或车辆受阻时，要立即停车，看清楚后再决定是否继续后倒。

3 掉头

1 掉头操作技巧

1）前进掉头

前进掉头是汽车挂前进挡，采用大转弯，完成汽车掉头。这种操作方法适用于在较宽道路或十字路口进行。确实看清前后均无来车，便可按喇叭进行掉头。掉头过程中一次把转向盘向左打到底，进行大迂回一次掉头成功。这种方法既安全又迅速，而且节油，对其他正常运行的车辆影响较少。只是要特别注意在掉头之前先将车辆向右侧靠，尽量靠向路右侧边缘，然后打开左转向灯，换入低速挡。

2）前进与后倒相结合掉头

前进与后倒相结合掉头适用于较窄路段和“丁”字路口。其操作方法是：当车辆驶近掉头地点时，发出左转弯信号，提前在适当距离内降低车速，换入低挡，紧靠道路右侧行驶，同时打开左转向灯，观察道路上情况，如认为掉头不会影响到道路上的车辆时，就可以迅速向左转足转向盘，使车辆缓缓驶向道路的左边，待前轮接近路边时（约距路边 1m），迅速向右回转转向盘并停车。后倒时应先观察车后的情况及道路两边情况，然后鸣喇叭起步，同时迅速向右转足转向盘，待车倒至后轮将要接近路右侧路边，或者车尾部将要碰到障碍时，或者观察车前方已经能够在下一次前进时完成掉头距离时，应迅速向左回转转向盘，并立即停车，然后再起步向前同时向左打转向盘。如能二进一退完成掉头任务最好，如果二进一退不能完成任务，则还须再来一次，关键是要掌握好车轮到路边的距离和在停车之前先回转转向盘。掌握好较窄路面二进一退完成掉头的路线及操作要领，掌握好较窄路面三进二退完成掉头的路线便可完成掉头。

2 掉头经验

1）选好地点

汽车在公路上掉头，选择地点非常重要，为确保安全和不影响其他车辆通行，最好选择能够一次前进便完成掉头的地点进行掉头，如交叉路口、广场或平坦、宽阔、土质坚硬的路段。

2）兼顾前后

汽车掉头时，既要关照车头，又要顾及车尾，由于汽车尾部视线不良，所以驾驶员重点要注意车尾。操作中，尽量使车尾朝向安全的一边，车头朝向危险一边，以利于观察。前进或后退时，不要挂错挡位。在反复进退时，向前应进足，后倒应留有余地（必要时，应有人在车外指挥）。

3）小心谨慎

汽车在行驶中经常遇到找不到合适地点掉头的情况，尤其是山区公路，路面普遍较窄，且车轮一旦掉下路面便是车毁人亡，在这种情况下掉头要特别小心谨慎。重点采取以下防护措施：一是应有人在车外指挥；二是倒车前，可在危险的路边堆上一些石块障碍，以防止车轮可能滑出路缘；三是倒退和前行都要留有余地，应在距路边 1m 以上位置回转转向盘然后停车；四是如果路两边危险程度不同，应将车头朝向危险大的一边，以便于观察；五是后倒或前行时，随时准备停车，如果汽车一旦不能停住，应立即运用驻车制动使车停住。

3 倒车禁忌

1）忌盲目倒车

盲目倒车即在车前车后情况不明时便进行倒车，这样极易发生危险。为此必须做到：倒车前，仔细观察车身周围的情况；倒车过程中，密切注意本车周围行驶、停放的车辆和行人的动向，避免倒车引发的交通事故。

2）忌倒车不提醒

现代汽车大多安装了倒车报警装置，倒车时可自动提醒行人注意。对于没有安装倒车报警装置的车辆，在倒车时应不断鸣喇叭，以提醒其他车辆和行人避让。

3）忌倒车忽快忽慢

倒车时应控制好加速踏板，车速不可超过 5km/h，并保持匀速。同时，要防止倒车熄火或因倒车过猛向后急冲而造成事故。

4）忌危险路段倒车

倒车应尽量避免在危险路段，如必须在危险路段倒车时，思想必须高度重视，并应采取以下防护措施：仔细勘察倒车地点的地形，正确选择倒车时的进退路线；在危险地段边缘，放置一些大石块和木头等障碍物，以便制动不及等情况发生时，保证车轮被这些东西阻挡而使车辆停止；倒车时应注意将车头对着危险地段，车尾对着安全地段，以便于观察；有条件时，应修整倒车地点的地形，尽量消除各种隐患。

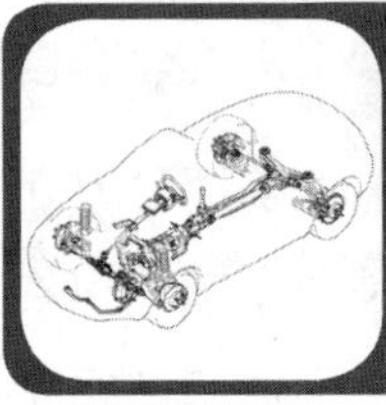

第 7 节 坡道驾驶

驾驶员在上下坡驾驶时应做到对坡道的长短和宽窄、坡度大小、路面好坏和弯道急缓的准确判断，灵活、敏捷掌握转向时机，换挡动作恰当、及时、迅速，并随时做好停车准备，以防发生危险，谨慎驾驶，保证车辆的正常行驶。

1 上坡驾驶技巧

汽车在上坡行驶时，由于上坡阻力的影响，需要的驱动力比在平路时要大，随着坡度的变化，汽车行驶所需要的驱动力也随之变化，驾驶员必须根据坡度的变化情况，采取恰当的操作方法。

1 一般缓坡的驾驶

（1）上坡前，应根据道路交通情况，充分加速。为了使汽车在坡路上保持充足的动力和较高的速度，避免减挡操作，驾驶员应根据道路的交通情况，在允许的速度范围内，从坡前平路部分就开始进行加速，一鼓作气冲上上坡路段。

（2）及时进行换挡操作。汽车冲上坡路后，若感觉声音变低，车速渐慢，无法保持平路行驶时的速度，说明汽车动力不足，应及时进行减挡操作，增大汽车的动力，不要等到汽车速度消耗殆尽再减挡。

减挡操作的方法：除按一般的减挡要领操作外，最重要的是掌握恰当的减挡时机。减挡过早，动力不能得到充分利用；减挡过晚，会造成汽车动力不足甚至停车熄火。把握减挡时机，主要靠“听”、“看”来确定。“听”就是听发动机声音的变化；“看”就是看坡度的大小和车速快慢。当发动机声音变低，车速渐慢，说明汽车已动力不足，应迅速减入低一级挡位。陡坡减挡和重车坡路减挡时，由于上坡车速降低很快，所以，要提前减挡，只要稍感动力不足，就应减挡。其次，减挡动作要迅速、准确，减挡后离合器踏板要快抬至半联动位置，同时缓踏加速踏板。若操作失误造成脱挡，应立即采取越级减挡来作为补救措施。

在上坡途中，若感觉到发动机动力强劲有余，可进行加挡操作。其具体操作除了按一般加挡要领外，应注意以下2个方面：

①冲车时间要适当加长。由于上坡阻力大，汽车行驶惯性消失较快。因此冲车时间要比平路长，加挡的车速比平路要高，以保证加挡后汽车能保持足够的动力行驶。

②掌握“快—慢—快”的动作要领。“快”是指脱挡的速度要快，加速冲车后，松抬加速踏板、踏离合器踏板、脱挡并将变速杆置于高一级挡位的动作要慢，挂挡的力度要适当，不能用力硬推变速杆。当同步器使两齿轮圆周速度相同后，挡位会轻松挂上。第二个“快”是指变速杆进入高挡位的同时，抬离合器踏板和踏下加速踏板的速度要快，并且踏下加速踏板的幅度比平路行驶的要大。

2 陡坡的驾驶

坡度很陡时，途中再作减挡动作比较困难，应在上坡前提前减速，必要时也可利用制动减速，换入低速挡。上陡坡时的减速，一般为越级减速。

3 坡顶盲区的驾驶

汽车驶近坡顶时，由于车体的倾斜，使驾驶员视线受阻，看不见坡顶对面的车辆情况，必须适度放松加速踏板，降低车速，并靠道路右侧谨慎驾驶。

2 下坡驾驶技巧

汽车下坡时，由于汽车重力的作用，车速会越来越快。不同的坡度，对汽车的制动效能会产生不同的影响。驾驶员应根据具体情况，采取不同的制动方式，安全顺利地通过下坡路。

1 由平路驶入下坡路的驾驶技法

汽车由平路驶入下坡路时，由于惯性力的作用，汽车先有离开路面的趋势，后有自由下落的趋势。前一种趋势可以使汽车方向失控，后一种趋势严重时会损坏零部件。因此，驾驶员在驾驶时，必须合理控制车速。一般汽车在接近下坡路时，应及时松抬加速踏板减速，同时，将脚放在制动踏板上，准备制动。当汽车前轮到达平路与坡路的交界处时，踩下制动踏板充分减速，使前轮平稳驶入下坡路，随即根据车速大小适度放松制动踏板。

2 长距离陡坡的驾驶

汽车由于长时间使用制动，其制动效能会因过热而降低或失效。所以，下长距离危险陡坡时，应提前减速，挂上低速挡，充分利用发动机的牵阻作用，并适当采用间歇制动，使汽车保持中速行驶。踩制动踏板的方法是：当汽车速度加快后，踩制动踏板使汽车速度降得很慢，然后，彻底放松制动踏板，使制动器的摩擦块和制动盘（或制动鼓）得到充分散热，防止制动器因过热而失效。当车速加快时，再踩制动踏板。

3 长距离缓坡的驾驶

由于缓坡的下滑作用力小，汽车在通过时，可抬起加速踏板，在高挡位上利用发动机的牵阻作用，控制汽车车速。

4 坡道驾驶的注意事项

（1）下长坡时，不要挂空挡滑行，因为只利用行车制动器来控制车速，会引起制动器的过热失效。

（2）当感觉制动效能发生变化时，应及早停车检查，排除故障。若行车制动器突然失灵，应沉着冷静，用“抢挡”（将高速挡迅速换入低速挡）的方法增强发动机的牵阻作用，同时，利用驻车制动器减速。操作驻车制动器时，要逐渐拉紧驻车制动器操纵杆，并按下驻车制动器操纵杆按钮，使制动力的大小可以随时调节，尽快找一安全地带停车。

（3）使用制动要有遇见性。当车速刚刚接近道路情况所容许的限度时，即应适当制动，使汽车平顺地降速，避免紧急制动。

3 坡道起步驾驶技巧

1 上坡起步

上坡起步时，因受上坡阻力的影响，在操作上除需掌握平路起步要领外，特别要注意驻车制动器操纵杆、离合器踏板和加速踏板的密切配合，具体操作方法如下：

（1）踏下离合器踏板，挂上低速挡；左手握稳转向盘，两眼注视前方，右手鸣喇叭、向后拉驻车制动器操纵杆并按下按钮，为及时放松驻车制动器操纵杆做好准备。

（2）视坡道坡度大小，踩下加速踏板，将发动机转速提高到适当程度，同时松抬离合器踏板呈半联动。当发动机声音变沉、车身发抖时，边踩加速踏板边放松驻车制动器操纵杆，车辆即平稳起步；随后徐徐踩下加速踏板，完全松抬离合器踏板，加速行驶。

上坡平稳起步的关键是掌握好放松驻车制动器操纵杆的时机。若放松得过早，车辆因未获得足够的牵引力而产生后溜；若放松得过迟，则因阻力过大起不了步，造成发动机熄火。

（3）起步时，如感到动力不足汽车无法前进时，应立即踩下离合器踏板和制动踏板，然后拉紧驻车制动器操纵杆。再放松制动踏板，重新起步，绝对不可在汽车后溜时猛抬离合器踏板、猛踩加速踏板进行强行起步，以免损坏零部件。

上坡起步的要领归纳为：音变车抖稍一停，及时加速松制动；加速大小看坡度，不冲不溜不熄火。

2 下坡起步

一般的缓下坡起步仍可按平路起步要领操作，但加挡时加速时间可大大缩短，甚至不要。有明显的下坡或坡度较陡时，可用二挡或三挡起步。放松驻车制动器操纵杆后待车辆有溜动再松抬离合器踏板，一经接合可视情况换至中速挡或高速挡下坡行驶。

4 坡道停车驾驶技巧

1 上坡停车

上坡停车操作要领与平路停车要领基本一样，但应注意：停车时抬起加速踏板的同时应迅速踩下离合器踏板，待车即将停住时，踩下制动踏板把车停住，然后拉紧驻车制动器操纵杆，再松开制动踏板。

2 下坡停车

下坡停车时，应运用行车制动器减慢行驶速度，当汽车驶近停车地点时，应同时踩下离合器踏板和制动踏板，车停住后，即拉紧驻车制动器操纵杆，松开制动踏板。

在坡道上停车时，如发动机在怠速运转，变速器又处于空挡位置时，驾驶员不得离开驾驶室，防止制动器因车辆抖动松脱而造成溜车事故。

在坡道上停放车辆时，为防止停车后溜滑，一定要做好三件事：拉紧驻车制动器操纵杆；挂上一挡或倒挡（上坡挂一挡，下坡挂倒挡）；用三角木或石块塞住车轮。

5 坡道倒车驾驶技巧

车辆向上坡方向倒车，起步要按上坡起步的要领操作，起步后应控制好加速踏板，以维持均匀的速度后倒。停车时，踩离合器踏板与制动踏板要同时进行，但踩离合器踏板要略快，以避免汽车熄火。

车辆向下坡方向倒车，起步时放松驻车制动器操纵杆不可过早，应与放松离合器踏板同时进行。倒车时右脚应放在制动踏板上，首先是利用发动机怠速牵阻车辆后倒的速度，视情况还可在轻踩制动踏板而产生轻微制动的情况下倒车。停车时，踩下离合器踏板的同时，立即把制动踏板踩死，防止车辆后溜。

第8节 行车路线的选择

汽车的行车路线对汽车的使用寿命及油耗有着直接的影响，与驾驶员的疲劳程度也有着很大的关系。因此在汽车行驶中，应尽量选择较好的路面，避免颠簸与偏重，并尽可能保持匀速直线行驶。

行车路线选择时要注意以下 8 项：

（1）注意在一般平直道路上，汽车应靠右侧行驶，在无会车、超车等道路交通情况的时候，可在道路中间行驶。因为中间的路面比较平整、坚实，行驶阻力小。

（2）注意汽车行驶在路面上，发现前方（道路右侧）有障碍物时，应在离障碍物前 20~25m 处打开转向灯并开始向左转动转向盘，越过障碍物后，向右转动转向盘回到道路右侧。越过障碍物时要注意避免与对向车辆交会。

（3）注意汽车在行驶过程中，需要变更行驶路线时，及时打开转向灯，确认前后左右都安全后再向左或向右转动转向盘，并及时回正方向。

（4）注意当汽车行驶在较差的道路上时，要尽量选择相对较好的路面。当汽车在路面较窄、拱形较大的碎石路上行驶时，应在路中行车，使汽车左右两边有回旋的余地。在有车辙的道路上，应沿车辙行驶。

（5）注意汽车在行驶中交会或让车时，应选择右侧平坦路面，减速行驶。待会车、让车后及时平稳地回到道路中间行驶，要尽量避免汽车长时间偏向一侧行驶。

（6）注意在碎石路上行驶时，应尽量避开路上尖石、棱角物及凸凹坑等，以提高汽车行驶的平稳性。

（7）注意在有碍视线的道路上行驶时，要减速缓行，应尽量选择视野开阔的路线。

（8）注意要握稳转向盘，尽可能保持直线行驶，不可为了选择行驶路线而左右猛转转向盘，以免车辆左右摇摆。

第9节 城市、乡村道路驾驶

1 城市道路驾驶

城市道路驾驶技巧

1）各行其道

在快慢不分的道路上行驶，如道路上无漆化标线，机动车一般居中偏右行驶，非机动车则紧靠道路右侧行驶。如果因超车、会车等情况，必须占用其他车的行驶路线时，按规定必须让有通行权的车辆先行。如道路上划有中心线，机动车应靠中心线右侧行驶，非机动车则应靠道路右侧行驶。

在划分有机动车道与非机动车道的道路上行驶，各种车辆必须在规定的车道内行驶。在通常情况下，不允许车辆越过中心线或压线行驶。划有黄色实线处，表示严禁车辆越线改变车道或越线超车。

2）控制车速

车辆的行驶速度应根据道路、交通等条件确定，汽车在城市道路行驶时，有别于其他路段，要在处理好道路条件与车速关系的同时，有意识地控制汽车的行驶速度。由于城市道路交通条件复杂，突发、意外情况显著增多，所以车辆在通过繁华交叉路口、行人稠密地区、铁路和街道交叉地点，转弯、掉头、上下桥以及大风、积水、结冰、雾天等能见度在50m以内，行驶中遇有喇叭发生故障或下雪下雨时刮水器损坏等情况，最高时速不得超过30km/h。

3）控制车距

车距包括纵向车距和横向车距。纵向车距是指车辆在行驶过程中前车车尾与后车车头间距离；横向车距是指两辆车在并行或交会时车身外侧的距离。车辆在行驶中其车距大小应视车速高低确定，不同车速下车辆的纵向最小安全距离和横向最小安全距离是不相同的。如遇气候不良、道路湿滑等特殊情况，纵向车距应增大1~2倍。在会车、让车或超车过程中，驾驶员必须根据车辆的位置、车速、道路、地形等变化，照顾到前后及两侧的情况，调整自己的车速和两车外侧间的横向距离。

4）遵守“路权”原则

所谓“路权”，是指道路上交通参与者依据交通法规所享有的、在一定空间和一定时间内使用道路的权利。“路权”由通行权和先行权组成。通行权是指交通参与者依法享有的、使用道路某一空间进行某种交通活动的权利。先行权是指交通参与者在享有道路通行权的前提下，依据交通法规规定所享有的、在一定的时间范围内、在一定道路空间上进行交通活动的权利。车辆在城市道路上行驶必须严格遵守“路权”原则，尤其是通过交叉路口时，若有自动信号灯，要严格遵守“红灯停，绿灯行”的规则。由于交叉路口的视线盲区较大，驶过交叉路口的车速不得超过20km/h。车辆在行近交叉路口时，要提前50~100m减速，最好将车速控制在20km/h。通过有快慢车道或多车道的交叉路口时，均要在离路口50~100m处变换车道。在通过有行人信号灯的人行横道时，被放行的行人在人行横道上享有先行权。通过没有行人信号灯的人行横道时，也必须确保行人的安全。被放行的直行车辆与转弯车辆相遇时，直行车辆享有先行权；左转弯的机动车与非机动车相遇时，左转弯的机动车享有先行权。在有交通警察指挥的路口，则应以交通警察的指挥手势为准。在交叉路口遇到红灯时，直行或左转弯车辆应停在停车线外，右转弯车辆在不影响被放行车辆正常行驶并保证路边行人安全的情况下可以右转弯。若车辆在快慢车道不分的道路上行驶，则不能偏左侧停车，以免妨碍交通。如路口已有车辆停放，应依次停下。通过无人指挥的交叉路口，非机动车与机动车相遇时，机动车享有先行权；同方向的右转弯机动车和直行非机动车相遇时，直行非机动车享有先行权；在支干不分的道路上，转弯机动车和直行机动车相遇时，直行车享有先行权；双方都是直行或左转弯的机动车，则右侧先来的车辆享有先行权；左转弯机动车和右转弯机动车相遇时，右转弯机动车享有先行权；先进入交叉路口的车辆比尚未进入交叉路口的车辆享有先行权。

2 城市道路驾驶经验

城市道路上车多、人多、交通情况复杂，在驾驶中，汽车驾驶员应把主要精力放在各种交通情况的判断与处理上，防止交通事故的发生。

1）正确判断和处理机动车的动态

在城市道路上行驶较多的机动车主要有公共汽车、出租汽车和摩托车，正确判断这些车辆的行驶动态，及时处理有关交通情况，是城市道路安全驾驶的重点。

公共汽车是城市短途客运的主力军，其特点：一是体积大，载客多，起步慢，停站多；二是上下乘客时，车前车后闯入道路的行人多；三是进出站时，非机动车绕越较多。因此，在超越停站的公共汽车时，应加大横向间距、多鸣喇叭，并注意非机动车和行人动向，做好随时制动准备。

在城市道路交通中以出租汽车的数量最多，出租汽车的特点：一是急转急停，有的违章驾驶、争道抢行；二是有时出租汽车会不顾周围交通情况，只要路边有客人招呼，便会突然驶向路边停车；三是有的出租汽车在多车道行驶时，看到客人后会立即变换车道停车。针对这些特点，遇到前边有出租汽车行驶时，要提防其突然停车和转弯，随时做好制动准备。另外，最好与出租汽车保持适当距离，车间距应比平时大些。路边有出租汽车停放时，要防止其突然起步和抢道行驶。

摩托车已成为目前城市道路交通中又一重要的参与因素，其特点：一是体积小，速度快，加速性能好，机动性强；二是稳定性差，具有自行车与机动车的双重特点；三是经常发生抢路、钻行、左右超车、竞驶兜风等违章现象，干扰汽车的正常行驶。遇摩托车时应保持足够间距，不尾随，以防其突然制动或摔倒；超越或交会时，横向距离要适当加大。

2）正确判断和处理非机动车的动态

城市中的非机动车以自行车为最多，自行车具有机动灵活、体积小、转弯快、稳定性差等特点。骑自行车人的一般规律为：逢友会合，逢空会钻，逢慢会超，逢坑必绕，逢阻必停，逢闹会看，逢碰会倒。

骑自行车人因性别、年龄、性格、技术等情况的不同，骑自行车动态也不尽一致。一是初学会骑自行车的人，技术生疏，骑慢了容易摔倒，骑快了掌握不了方向，遇到汽车临近时惊慌、把不稳车，遇到红灯或障碍物不能及时停车，处理情况反应慢，容易发生事故。二是少年儿童骑自行车，对危险认识不足，遇紧急情况惊慌失措。因身高不高，骑自行车稳定性更差，容易摔倒而发生危险。三是青年人骑自行车一般速度较快，有的争强好胜，互相追赶，思想不集中。四是老年人骑自行车速度慢，由于年龄关系，视力、听力减退，反应迟钝，避让能力差。五是女性骑自行车害怕出事，骑自行车不稳，遇到机动车易恐慌。

为防止机动车与自行车发生碰撞、剐蹭等交通事故，机动车驾驶员应注意以下几点：

①为防止因非机动车道上的自行车互相碰撞而倒入机动车道造成的交通事故，在设有分道线的道路上，汽车不宜过于靠近非机动车分道线。

②在人车拥挤的环境中，需临时停车，应从多方面注意自行车动态，警惕自行车攀扶或从车前横越。

③超越同方向的自行车时，要看清自行车的数量，有无并行或互相追逐现象，是否分散在道路两侧；注意情况的变化，不可冒险穿挤或频繁鸣喇叭催促；适当放宽会车和超车的间距；遇到不避让的自行车时，则应减速耐心尾随其后，切忌意气用事。

④在与自行车同方向转弯时，要在减速的基础上，为自行车留出足够的空间，以免互相擦碰。倘若遇到自行车占道抢行，应耐心让路。

⑤在狭窄街道上行驶或与汽车会车、超车时，要特别注意自行车的动向；当自行车与汽车并行时，要小心防备自行车突然倒向汽车；同时警惕车身挂住和挤倒自行车，酿成事故；做到慢得及时，停得迅速，决不可急躁冒进抢行。

⑥汽车经过两边有大小巷口的街道时，要提防自行车突然冲出。

⑦三轮车与自行车有许多相同的特点，应当同自行车一样对待。

3）正确判断与处理行人的动态

城市里允许通行汽车的街道，虽然设有人行道和人行横道线，仍难免有人闯入机动车道妨碍汽车通行。城市交通时常出现高峰期期间行人、自行车特别多，极易闯入机动车道。常见有以下情况：

①在上下班时间，行人由于赶乘公交车辆，往往只顾抢时间，不顾交通情况和往来车辆，横穿道路的行为时有发生。

②在学校门口，学生有时会突然闯入机动车道。

③体育场馆、影剧院和其他公共场所附近，经常出现人群聚集，特别是在散场时一拥而出，往往不太注意行车情况，突然闯入机动车道或横穿道路。

④当街道两旁行人拥挤时（以节假日尤为突出），有人会走到机动车道上，甚至横穿街道。

根据城市行人动态的特点，机动车驾驶员行车中应注意以下几点：

①思想要高度集中，遇人众车多、交通情况复杂时，不紧张、不急躁；遇人稀车少、交通比较简单时，也不麻痹大意，控制车速。

②凡通过公共汽车站、学校门口、人行横道人群聚集之处和无人指挥的交叉路口以及前面有盲区的地段，须提前减速，细心观察周围的行人动向，随时做好预防有人突然闯入机动车道或横穿道路的准备。

③发现行人进入机动车道时，要采取果断措施，当慢则慢、当停则停，切不可冒险加速，穿挤绕越，以免发生事故。

④通过狭窄街道时，要注意两旁小巷内有人闯入行车道。

3 城市道路驾驶禁忌

1）忌不遵守信号指挥

交通信号灯是城市交叉路口的主要交通指挥设施，任何车辆都必须服从交通信号的指挥。当红灯亮时，应将车辆停在停止线（白色实线）以内；绿灯亮时，准许车辆通行，但转弯的车辆要给直行的车辆让路，不得妨碍直行的车辆。黄灯亮时，不准车辆通行，但已越过停车线的车辆可以继续行驶。当黄灯闪烁时，车辆行人都必须格外小心，注意在确保安全的条件下通行。

2）忌随意轧（越）线行驶

城市道路上画有很多交通标线，这些标线有的是可以轧（越）的，而有的是不可以轧（越）的。道路中心的单实线、双实线（白色或黄色）是不能轧（越）

的。道路中心的虚线，在超车和转弯时可以短时间轧（越）线。

3）忌随意超车

在未设分道线的道路上，当对向无来车时，应保持在道路的中间行驶，限速规定，与前车保持适当的安全距离尽量减少超车。在画有行车道的道路上，后车欲超前车，须待前车让出路面后，才能进行超车。

4）忌随意倒车或掉头

车辆需要倒车或掉头时，必须遵守倒车和掉头的规定，选择路面宽阔、交通情况简单的地点进行，尽量不要妨碍其他车辆的正常通行。操作中要小心谨慎，必要时要有人指挥。

5）忌随意鸣喇叭

为了减少城市的噪声，许多大城市规定在市区内某些路段禁止鸣喇叭，设有禁鸣喇叭标志。即使是允许鸣喇叭的路段，喇叭的音量也要控制在150dB以下，每次鸣喇叭不超过0.5s，连续鸣喇叭不许超过3次。

6）忌随意停放

随意停放车辆会阻碍城市交通，严重时会造成交通堵塞。为此，在城市道路上临时停车，要按顺行方向靠道路右侧停车，当妨碍交通时必须立即离开，不准将车辆停在禁止停放的路段。

2 乡村道路驾驶

我国大多数乡村公路为土路，路面状况差，路窄且坑洼不平。山区土路坡陡、弯急。晴天，特别是久旱天气干燥时，路面上尘土飞扬，细尘土被带走后，路面上便出现乱石和坑洼。雨天，特别是久晴遇上连阴雨时，土壤被浸泡成饱和状态，路面上积水、泥泞、沟壑随处可见，甚至造成路肩塌陷。因此，驾驶员在乡村土路上驾驶时必须了解各种气候条件下的路面特点，掌握安全驾驶要领，确保驾驶安全。

1 乡村道路驾驶技巧

1）选择路面

乡村道路的路面较窄、质量较差，行驶中，要注意合理选择路面。当车辆行驶在路面有坑洼或乱石的道路上时，应考虑车辆的离地间隙，转动转向盘小心避让；当车辆通过松软、泥泞、积水路段时，应特别谨慎，必要时应先下车观察，当判明车轮确实不会陷入泥土时，方可挂低挡缓缓而一气呵成地通过；当车辆在新开通的土路行驶时，若路面有车辙，应尽量沿着车辙行驶，不可盲目冒险。

2）控制车速

在凹凸不平的乡村土路上行驶，如车速过快，汽车振动加剧，不仅造成传动系统、行驶系统等零部件损坏，而且直接威胁行车安全。特别是雨天在有积水和泥泞的路段行车，一定要稳住加速踏板，控制车速，使用中、低挡位，并尽量避免使用紧急制动。

3）会车和超车

行驶中遇有车辆交会，应选择较宽路面会车，且不要太靠近路边。超车必须在道路和交通情况允许时进行，超越农用车或拖拉机时，因这些车辆噪声较大，有时听不到后车的喇叭声，而没有及时让道，此时后车驾驶员要多鸣喇叭，待前车让道后再进行超越，切不可强行超车。

4）谨慎下坡

无论是晴天还是雨天，下坡时都应选择中低挡位，减小节气门开度缓缓下坡，不得空挡溜坡。因为土路上坑洼、乱石较多，情况复杂，下坡途中常需制动减速来避让，特别是有些土路下坡途中有急弯，若空挡溜坡，制动时极易造成车辆跑偏、横甩甚至翻车的事故发生。

2 乡村道路驾驶经验

乡村道路路面质量差，且不分机动车道、非机动车道和人行道，再加上部分乡村行人缺乏交通常识，驾驶员稍有不慎，很容易发生车辆事故。为此，在乡村道路行车时，要特别注意下列 8 种行人。

1）注意赶牲畜的行人

乡村道路上常有行人赶着牲畜（牛、马、羊等）在路边行走，牲畜见到来车便骚动起来，有的四处奔跑，有的挡在路中，放牧人为保护牲畜往往冲到路中驱赶，却忘了自己的安危。对于这样的行人，驾驶员既要看人，又要看牲畜，不要鸣高音喇叭驱赶牲畜，以防牲畜受惊，要主动降低车速，并做好随时停车的准备，以确保安全。

2）注意拖儿带女的人

一位成年人带着几个小孩在路上行走，没有车时，小孩比较分散，见到来车，小孩会迅速向成年人的方向跑去，成年人为保护小孩，也会向小孩的方向跑去，往往相会在路中，对这样的行人，既要注意那些动作表现比较犹豫的小孩，也要注意成年人，尤其是个别小孩与成年人不在一边，要特别注意个别小孩的行动。另外，小孩在路上行走时喜欢打闹，对此要格外注意，防止他们互相追逐而跑入路中。

3）注意躲避灰尘和泥水的人

不少乡村道路为土质路面，汽车在这种路上行驶，晴天尘土飞扬，雨天泥水四溅，有些行人为了躲避汽车行驶扬起的尘土或溅起的泥水，在汽车驶近时，突然跑向路的另一边。对这样的行人，驾驶员应将重点放在预防上。要注意观察风向和行人，尽量减速，以减少扬尘；避开水洼，以减少污水的飞溅，并做好避让准备，鸣喇叭警示行人注意，稳住转向盘通过。

4）注意穿雨衣的行人

乡村农民为满足室外工作的需要，在雨天、雪天穿雨衣的人较多，使听觉和视线受到影响，对于身着雨衣躲避泥水的行人，驾驶员应加强观察，多鸣喇叭，从路中间缓慢通过。严寒和风雪天，行人穿戴较厚，行动不便，一心赶路，对汽车不太留心，对此驾驶员应减速鸣喇叭，从其一侧缓行通过，通过时要考虑道路的湿滑条件，防止因车辆横滑和行人滑倒而发生事故。

5）注意畏惧汽车的人

有些边远山区的行人很少见到汽车，当汽车驶来或听到行驶声，就急忙避到道路一边，待汽车临近时，又感到自己所处的地方不安全，表现出惊慌失措，左右徘徊，有时会向路的另一边跑去而造成险情。遇到这种行人，驾驶员应提前减速，不要在临近时鸣高音喇叭，同时做好制动停车的准备，一旦发现险情立即停车，待行人安定下来，再继续通过。

6）注意突然横穿公路的人

乡村道路两边没有隔离带，路上没有人行横道，因此行人可随意横穿道路，行人在汽车临近时突然横穿道路，极易发生行车安全事故。当发现有人横穿道路时，驾驶员应立即采取制动措施，同时判断行人横穿的速度和车辆可以避让的安全地点。避让横穿道路的行人时，应将转向盘朝行人奔跑的出发点转动，以达到从行人身后绕过的目的，防止避让不及时而出现人车相撞的事故。对路上行人要特别注意观察，一旦发现可疑迹象，应鸣喇叭警告，同时做好防范准备，在视线不良的乡村道路，看不到行人的动态，要注意从小道内突然出现横穿道路者，对此应格外谨慎，必要时减速通过。

7）注意骑自行车的人

乡村道路上的骑自行车人，为满足运输农产品需要，大多骑的是载重自行车，而且往往超重，行驶不稳，很容易失去平衡而跌倒。尤其是骑自行车人为避让汽车而靠边行驶，因回旋余地较少，更容易跌倒。遇到这种情况，驾驶员要及早鸣喇叭，观察动态。如果自行车行驶平稳，则可与其保持较大的间隔距离通过，如果自行车行进中歪歪扭扭，应制动减速，缓慢地从离自行车较远的地方通过。通过时要用眼睛余光和后视镜观察，一有情况立即停车。

8）注意推拉人力车的人

乡村道路有不少推拉人力车的行人，人力车有两轮平板车和独轮车两种。推拉两轮平板车，人力消耗较大，往往控制不住，因此驾驶汽车时，在可能情况下，应予照顾，与其保持一定的距离，以防剐蹭，当人力车通过坑洼路段和上坡时，推车人较吃力，驾驶员不要鸣喇叭，催其让路，更不能与之争道，以免发生交通事故。独轮车的稳定性很差，若两侧载重不均匀，就会失去平衡，它全靠推车人的臂力支撑、推动，因而推车人劳动强度大，驾驶员在行车中，对独轮车这些特点应该了解，并与其保持较大的横向间距，以防碰撞。

3 乡村道路驾驶禁忌

1）忌太靠路边

乡村土路路基松软，在久雨天气极易坍塌，为此在行车时一定要注意观察路边情况，特别是在雨天不要太靠近路肩，以防车辆滑入路下，或压塌路基，导致翻车事故。

2）忌跟车过近

车辆行驶在乡村土路上，汽车尾部在晴天是尘土飞扬，在雨天是泥水四溅。

为此，在乡村土路上行车不可跟车太近，否则前车扬起的灰尘或溅起的泥水会遮挡视线，影响行车安全。

3）忌操之过急

乡村公路上行驶的农用车和拖拉机较多，这些车辆受到性能限制，加之道路条件较差，行驶速度一般较慢。汽车在行驶中，当跟车过近，前车扬尘遮挡视线、前方有农用车和拖拉机时，要仔细观察道路情况，在路面较窄或质量较差时，不要急于超越，待超车条件允许时再实施超越，切不可操之过急，以防发生车辆事故。

第10节 高速公路驾驶

我国交通运输部公布的高速公路认定标准是以交通流量为主要参数的，即：一般能适应各种汽车（包括摩托车）折合成小型客车的年平均昼夜交通量25000辆以上，为具有特别重要的政治、经济意义、军事意义，专供汽车分道行驶并全部控制出入的公路。高速公路实行交通限制，只允许汽车运行，也就是供汽车专用。所谓交通限制：一是限制车辆，只允许快速的机动车辆通行，对于拖拉机和各种慢速的施工机械车、自行车、畜力车及行人一律禁止通行；二是限制车辆行驶速度，为了减少超车次数，凡设计最高时速低于70km/h的机动车辆不得上路行驶，运行最高车速不得超过120km/h。

1 高速公路的交通特征

高速公路采用了全封闭、多车道、中央分离带，全立体交叉，集中管理，控制出入，设有必要的标志、信号及照明设备，多种安全服务设施配套齐全，从而为车辆快速、安全、舒适、连续运行和提高运输量提供了更为有利的条件。

1 全封闭，设有固定的出入口

高速公路整个路段以金属或其他材料为屏障，使其与外界全部隔离，并设有固定的出入口，机动车只能从出入口进出高速公路。入口处设有加速车道，出口处设有减速车道。

高速公路全路段与其他道路、铁路交叉处全部采取立体交叉，从而排除了来自横向、纵向以及其他通行者的干扰。

2 车道多，通行能力大，设有中央分隔带

为达到车流量大、通行能力强的要求，高速公路设计要求每侧至少有两条以上的车道（我国高速公路以 3 条居多），每条车道宽 3.75m。由于路面宽、车道多，并划分行车道、超车道，便于不同车速的车辆在不同车道行驶。

高速公路设有中央分隔带，将上下行驶的车道完全隔离，严格分向行驶。保证了车辆行驶高速、安全的要求。

3 行驶速度高，行车安全性好

高速公路的设计最高时速为 120km/h，最低时速为 50km/h。由于高速公路限制设计最高时速 70km/h 以下的低速车驶入，也就缩小了行驶车辆之间的速度差，减少了行驶过程中的超车次数和不必要的减速、加速、停车等，从而提高了车辆的行驶速度。

高速公路安装了一系列安全防护设施，如道路两侧设有钢板防撞护栏和柱式护栏，路基两侧设有隔离栅，并设有醒目的交通标识、路面标志等，从而为行车安全提供了保障。

在高速公路的中央分隔带上装有防炫设计，能有效防止夜间行车时对向车辆的灯光对驾驶员造成的目眩。

4 功能齐全的服务设施

高速公路还设有较完善的食宿、休息、娱乐、信息传递、车辆维修、加油站、求助等综合服务设施，为车辆连续高速运行提供了物资供应、信息和技术上的保障。

2 进入高速公路前应注意的问题

（1）及时了解路况信息，驾车出行前，提前掌握路况信息很重要。路况信息内容主要包括：一是天气情况，沿途是否有风、雨、雪、雾，尤以雾更应引起注意。在秋冬季特别要注意前方高速公路是否起雾。如不及时掌握信息，很有可能上路后被分流下高速公路，影响行程，增添麻烦，造成时间浪费。二是道路状况，是否修路限速，是否路面有冰、雪以及是否堵车等，这对于掌握信息后及时选择道路，安全到达目的地是很有帮助的。此外，还应掌握沿途加油站、维修站等服务设施的信息和出口的信息等，以便及时、准确驶出高速公路，到达目的地。

（2）检查所驾车辆的技术状况：如发动机是否有异常响声；加速性能是否达到要求；风扇传动带的松紧度是否合适；钢板弹簧螺栓是否松动；车辆的转向、制动、轮胎、灯光、后视镜等装置是否正常有效。如有问题应及时解决后，方可上路。检查燃料、辅油、冷却液、制动液是否缺漏，油箱内的燃油至少能保证汽车行驶到下一个加油站，避免因缺少燃料、冷却液等不得不在高速公路上停车的情况发生。轮胎和钢板弹簧是必须要检查的，轮胎是否合适，胎体是否有严重伤痕或鼓包等。

（3）检查是否随车携带了“故障车警告标志牌”和灭火器。

（4）如果是货车，还应检查货物装载情况，长、宽均不准超过车厢，高度按《中华人民共和国道路运输条例》规定：大型货运汽车载物，高度从地面起不准超过 4m；大型货运汽车挂车载物，高度从地面起不准超过 3m。载质量在 1000kg 以上的小型货运汽车载物，高度从地面起不准超过 2.5m；载质量不满 1000kg 的小型货运汽车载物，高度从地面起不准超过 2m；两轮摩托车载物，高度从地面起不准超过 1.5m。此外，还应检查货物装载是否平衡、捆扎是否牢固、是否有洒漏现象等。

3 进出高速公路

1 进入高速公路的驾驶方法

（1）车辆进入高速公路入口后，应当尽快将时速提高到 50km/h 以上，如果不尽快提速到 50km/h 以上则属违章。

（2）从匝道入口进入高速公路的车辆，必须在加速车道上提高车速到 50km/h 以上，开启左转向灯，观察和正确判断高速公路右侧车道上的车辆情况、行驶速度，在不影响其他车辆行驶的情况下加速驶入高速公路行车道。

2 驶离高速公路的驾驶方法

（1）注意高速公路出口预告牌的提示，提前将车驶入右侧减速车道，并及时减速。在距离出口约 300m 处开启右转向灯，再逐渐减速驶入支路或匝道。

（2）如错过出口处，必须继续行驶到下一个路口，方可驶出高速公路，决不允许在高速公路上倒车、掉头逆行或穿越中央分隔带。

3 车道的选择

（1）车辆应在高速公路右侧或中间行车道行驶，不能长时间在超车道行驶。

（2）设计时速高于 130km/h 的小型客车在距左侧第二条行车道上行驶，大型客车、货运汽车和设计时速低于 130km/h 的小型客车在第三条行车道上行驶。

（3）有四条以上车道的，设计时速高于 130km/h 的小型客车在第二、第三条行车道上行驶；大型客车、货运汽车和设计时速在 130km/h 以下的小型客车在第三、四条行车道上或者向右顺延的车道上行驶。

（4）摩托车在最右侧车道上行驶。

（5）在高速公路上行车不允许长时间轧、跨交通标线行驶，即不允许长时间轧、跨超车道与行车道、行车道与行车道、行车道与停车道之间的分界线。

4 超车和变更车道

当前方遇有障碍或需超车，以及需要变更车道时，必须提前开启转向灯，夜间还须变换使用远近光灯，确认与要进入的车道前方以及后方来车均有足够的行车间距后，再驶入需要进入的车道。在超车或变更车道过程中还须注意右侧车道前的车辆是否会突然超车或变换车道。

超车时允许使用相邻的车道，驶入超车道的机动车在超车后，应当立即驶回行车道。

超车时不准从右侧超车。不准在匝道、加速车道或者减速车道上超车、停车。

改变车道或超车时，要握紧转向盘，转向角度不要太大，不要太急，防止由于车速快造成车辆飘移甚至侧翻。需要制动时分几次制动为好，不要一脚踩死，防止车辆跑偏。

5 车速控制

在高速公路上行驶，由于路况和视线较好，无行人、非机动车及横向车辆干扰，极易超速行驶。这时候，驾驶员应保持清醒头脑，要常观察车速表，一旦发现超速，应尽快将车速减下来，不要大意。高速行驶是造成高速公路交通事故的主要原因之一，因此驾驶员应严格遵守限速要求，不能开快车、开“英雄”车，以确保自身和他人生命、财产的安全。

（1）机动车在高速公路上正常行驶时，最低时速不得低于50km/h，车速低，不仅妨碍其他车辆正常行驶，也容易发生交通事故。有些驾驶员初上高速公路，常常会把在普通公路上开慢车的驾驶技术应用到高速公路上来。他们以为开慢车最安全，其实不然，在高速公路上采用阻碍全线车辆流动的慢速行驶也是极其危险的。因为较整体车流行驶速度慢的汽车，对尾随其后的车辆来说是个障碍，行驶中，被一辆接一辆的后车追逐、超越是极不安全的。

（2）最高时速：小型客车设计时速130km/h以上的不得高于120km/h；设计时速在130km/h以下的小型客车不得高于90km/h。大型客车、货运汽车、摩托车等所有车辆均不应超速行驶。因为超速行驶，会增加车流中的冲突点和交织点，破坏汽车的操纵性和稳定性，扩大汽车的制动非安全区，增大汽车冲击力，还会使发动机、传动系统等负荷加重，不仅容易损坏零部件，也极易造成交通事故。因此，驾驶员应时刻遵照路标上的标定时速，以顺应车流的速度行驶。

（3）遇有限速交通标志或者限速路面标记所示时速与上述第（1）条规定不一致时，应当遵守标志或者标记的规定。

（4）在高速公路上行驶，除按照《中华人民共和国高速公路交通管理办法》规定的车速行驶外，还应根据路面状况和视力能见度情况适时调整车速。如遇雪、雨、雾、大风、沙尘天气时，视距短、能见度差，或冬季路面结冰、有雪等，均需将车速降低到安全车速以下，不能盲目开快车。

6 行车间距

机动车在高速公路上行驶，同一车道的后车与前车必须保持足够的行车间距。在高速公路上，专门设有为驾驶员确认行车间距的行驶路段。在此路段上行驶，可以检验并调整与前车的行车间距。正常情况下，当路面干燥、气候条件好、车况好，行驶时速为100km/h时，行车间距应保持在100m以上；时速为70km/h时，行车间距应保持在70m以上；在正常情况下超车时，当行驶时速为100km/h时，横向间距应保持在1.5m以上；时速为70km/h时，横向间距应保持在1.2m以上。

在雨天、雾天、雪天、夜间或冰雪路面上行驶时，必须要减速行驶，行车间距应比正常情况下增大一倍，并适当加大横向间距。

在高速公路上行驶，车距过大或过小都是不安全的。高速行驶时，行车间距太小，容易发生撞车追尾事故，而行车间距过大，就会有车从一旁挤进，车流的交织点增多，不利于行车安全，也会使路段的车辆通行能力下降。所以，行驶中必须保持规定的车距，这个车距的大小取决车辆的制动非安全区的范围。

制动非安全区的范围与驾驶员的反应时间、操作熟练程度、行车速度、路面状况、载质量及制动系统的技术状况等因素有关。行车间距的大小应充分考虑以上诸因素的影响。行车间距必须大于本车的制动非安全区。

7 黄昏和黎明行驶应注意事项

黄昏和黎明是昼夜的交接点，天空间的光亮度在发生变化，人的适应性也处在变化之中。此时在高速公路行车驾驶员应变能力降低、事故发生率增高，因此应特别注意以下几点：

（1）保持足够的行车间距。黄昏和黎明时分道路和沿途的景色融为一体，观察情况缺乏立体感。在这种环境中高速行车，由于视野不清，远近距离难以辨清，驾驶员极易错误判断己车与前车的距离。因此，在黄昏和黎明时开车确认和保持足够的行车间距非常重要。

（2）要加倍警惕，注意力要集中，保持一个好的精神状态。黄昏和黎明时是驾驶员最容易感觉身体疲劳的阶段，加上光线的暗淡，容易造成车祸。据资料表明：在高速公路上，每天16时至18时的事故发生率最高，驾驶员应加倍警惕。

（3）黄昏及早开灯、黎明推迟闭灯。天近黄昏时行车，保护自己安全的首要措施是及早打开车灯，这样不仅使前后车辆的驾驶员认清已车的存在及动向，也增强了自己观察路面情况的光亮度。

（4）黎明时分防瞌睡。根据有关数据的统计，因过度疲劳而发生瞌睡开车的高速公路事故，绝大多数发生在从深夜到早晨这段时间，特别是在黎明时最多。

8 夜间驾驶应注意事项

高速公路的夜间行驶，由于车辆数量比白天少得多，夜深人静，使不少驾驶员误认为夜间行车比白天容易。其实不然，夜间行车光照度差、道路视界窄小、能见度低、空间观念被破坏，极易出现危险。

在夜间行车，驾驶员容易疲劳。由于视觉困难，夜间长时间行车眼睛容易疲劳，由于精神过于集中，时间久了就会感觉疲倦。再加上视界窄小，只能看到车前数十米的地方，茫茫四野、寂静无声，听到的只是发动机有节奏且单调的声响，时间一长，就会使驾驶员犯困，产生昏昏欲睡的感觉。尤其在午夜到黎明这段时间，更是如此。可想而知，此时的驾驶员无论是观察力还是判断力都和白天相差甚远。因此，一旦有情况就会措手不及，发生追尾碰撞事故。夜间行车时应注意：

（1）劳逸结合。不要长时间行车，尤其是不要连续昼夜行车，不论任务多紧急，一定要计划出休息时间，《中华人民共和国道路交通安全法实施条例》规定，不得有连续驾驶机动车超过4h未停车休息或者停车休息时间少于20min的行为。尽量避免和减少夜间行车。

（2）注重车辆日常维护。夜间行车前一定要认真检查车辆技术状况，尤其是灯光、转向、制动等系统，更是不能有丝毫马虎。如果发现故障或存在不符合要求的地方应立即排除，如无法排除，则不可夜间行车。

（3）适当降低车速，适当开窗通风，保持精力充沛，克制睡意和疲劳。

（4）行车中要随时注意仪表的工作情况。注意发动机和底盘有无异响，有无异味，如发现有异常情况，一定要查清原因，处理完毕再行车，切不能麻痹大意，酿成事故。

（5）正确判断车速和车距。在高速公路车流量少时，驾驶员容易开快车，总认为车速不快，或由于夜深人静带来恐惧感，使脚不由自主地重踩加速踏板。此时，一定要保持清醒的头脑，稳定的心态，注意观察车速表，一旦超速，一定要将车速降下来。

夜间行车，要加大车距。由于视线差，有时会误认为前车距离很远，其实不然。有时会把停着的车辆静止不动的灯光，误认为是前进中车辆的灯光，应正确判断。

（6）夜间行车时，除万不得已外，应尽量避免在路肩停靠车辆。

（7）尽量减少超车次数。

（8）掌握灯光照射规律，如灯光照射距离由远变近时，表示车辆正在上坡；当灯投射距离由近变远时，表示车辆在下坡等。

⑨ 在能见度低时驾驶注意事项

在风、沙、雨、雪、雾等低能见度气象条件下，要根据天气、视距的情况，适当降低车速，打开雾灯和前照灯、示廓灯；雾重时，要及时打开车窗及使用刮水器，以改善视线，同时要适时调整车距。

（1）能见度小于500m大于200m时，开启防炫近光灯、示廓灯和尾灯，时速不得超过80km/h，保持150m以上的行车间距。

（2）能见度小于200m大于100m时，开启雾灯和防炫灯、示廓灯、尾灯，时速不得超过60km/h，保持100m以上的行车间距。

（3）能见度小于100m大于50m时，开启雾灯、防炫近光灯、示廓灯和尾灯，时速不得超过40km/h，保持50m以上的行车间距。

（4）能见度小于50m时，车辆禁止驶入高速公路，已进入高速公路的车辆，按规定开启有关灯光，时速不得超过20km/h，并从最近的出口尽快驶离高速公路。

（5）当风力较大，尤其是沙尘天气能见度低时，除注意减速、加大车距、打开有关灯光外，还应注意风向、风速给行车带来的影响。当风向和汽车同向时，由于风力的作用，汽车制动距离会相对增加，制动非安全区增大；当风向和汽车反向时，风力起阻碍作用，会使车速降低，如此时超车，应考虑风力使车减速这个因素；当风横向作用于车辆时，尤其行驶到隧道出口、山口等处，突然而至的侧风易使方向偏斜，横向风力可引起离心力增大，容易使车辆侧滑和侧翻。因此，驾驶员必须随时注意风力对车辆行驶的影响，及时采取相应措施，保证安全行驶。

10 车辆在高速公路上发生交通事故时应注意事项

（1）车辆在高速公路上行驶发生交通事故时，驾驶员应立即向后续车辆发出危险信号，开启危险报警闪光灯，夜间还需同时开启示廓灯和尾灯，在事故车后100m处设置“故障车警告标志牌”等。

（2）立即通过紧急电话报告交通警察，将事故发生的地点、时间、形态、规模、人员伤亡情况等逐一报告，如车辆载有危险品、易燃易爆物品时，应将这些物品的受损情况报告。

（3）发生事故后，驾驶员和其他乘车人必须迅速转移到右侧路肩上或者紧急停车带内。如有需立即送医院救治的伤员，可向过往车辆发出求救信号，但不能试图强行拦截车辆求助。

（4）保护好事故现场。

11 在高速公路上车辆发生故障时应注意事项

（1）行驶中因故障等需要临时停车检修时，必须驶离行车道，停在紧急停车带内或右侧路肩上，并开启危险报警闪光灯和在车后100m处设置“故障车警告标志牌”，夜间还须同时开启示廓灯和尾灯，以引起后续车辆驾驶员的充分注意。

（2）如车辆在行车道、超车道、变速车道行驶中车辆发生故障后不能行驶时，在采取必要的安全措施后，人员要离开车辆，转移到右侧路肩上或紧急停车道等安全地带避险，同时打电话报告交警、呼叫清障车，不可自行拦车拖曳、牵引。

第 11 节 山区道路驾驶

山区道路是顺着山区地势修筑而成的道路。其特点：一是上、下坡多，且坡道长、坡度大；二是盘山绕行，迂回曲折；三是急转弯较多，路面狭窄；四是隧道和桥梁较多；五是因受地理环境和气候影响，危险路段较多。

1 山区驾驶技巧

1 山区坡道驾驶

在山区坡道上行驶要正确判断坡道情况，采取恰当的驾驶操作方法。汽车上陡坡时，应提前将汽车换入中、低速挡，使发动机保持足够的动力，平稳地上坡。当动力不足时，应迅速减挡，不可强撑，以防拖挡熄火。如错过换挡时机，可越级减挡。若遇换不进挡或发动机熄火时，应立即联合使用行车制动器与驻车制动器强行停车，然后重新起步。汽车下坡时，由于汽车的重心前移，其惯性力也随之增大，应注意检查制动器的工作情况。要严格控制车速，不能过快，运用发动机和低速挡位的牵阻作用控制车速，并要合理使用制动器稳定车速，严禁熄火、空挡或踏下离合器踏板滑行。

2 傍山险路驾驶

傍山险路地势险、道路窄、弯道急、行车难度大，驾驶员必须认真掌握傍山险道的操作特点，谨慎驾驶。

一是要注意交通标志，遵守标志规定。行车中要重点观察靠山一侧的路面，尽量选择道路中间或靠山的一侧谨慎驾驶，不要窥视崖下深涧，以免精力分散和产生紧张心理。

二是发现前方来车时，应提前处理情况，做到“一让、二慢、三停”，观察好前方道路和右侧路面情况，选择好会车地点，主动做好停让车的准备。如会车时靠近山崖或河崖一侧，应停车观察路基情况，在确保安全的情况下才能通过。特别在山区公路的雨季，由于公路狭窄，会车时不能太靠边，应选择适当地点，提前让车。不盲目交会，礼让三分，“宁停三分，不抢一秒”，安全交会，利人利己。

三是转弯前应减速、鸣喇叭、靠右行，特别是下坡车应在转弯前平稳降低车速，随时做好停车准备，以防转弯中遇到来车交会或转弯后遇到路障。边转弯边上陡坡时，应提前减挡，使车辆有足够的动力，避免转弯时换挡。

3 危险地段驾驶

汽车在易出现塌方、滑坡或泥石流的危险地段行驶，应提前向沿线车站、养路道班了解前方道路情况，以便采取适当措施，做到有备无患。进入危险地段应认真观察，若前方路面有散乱的大小石块、泥块或土堆时，应考虑是否会有塌方、滑坡和泥石流出现，并选择安全位置停车，细心观察，待确认可以安全通过时再通过，切忌犹豫不定或在可疑地段停车。若车前突然遇到坍塌，应立即停车后倒避让。如果险情发生在车后，或有碎石落在车上或车旁时，切勿停车察看，应加速前进一段路程，选择安全地点停车处理。遇到塌方严重、短时无法排除时，应及时掉头迂回或找安全场地停车等待。

2 山区道路驾驶经验

针对山区道路坡陡且长、弯多且急、路窄且险等特点，为确保驾驶安全，驾驶员应做到以下“三勤”。

1 勤检查

车辆在山区道路行驶，应对其技术状况、安全性能进行认真检查，尤其对影响安全的关键部位更要仔细检查，如转向系统、制动系统及行驶装置要保持技术状况良好，各种灯光、仪表、刮水器及其他电器工作正常。每次出车前对转向系统、制动系统、润滑系统、喇叭、刮水器及仪表进行严格检查，做到不漏油、不漏水、不漏电、不漏气，使车辆处于良好的技术状态；在行车途中，也应定时停下来进行检查，发现隐患及时排除；回场后也要进行全面的检查，从而保持车况良好，保障山区行车安全。

2 勤观察

一是汽车上下坡前，要注意观察坡道的长短、路幅的宽窄、坡度的大小、路况的好坏及弯道的缓急等情况。

二是上坡时间较长时，要随时观察仪表上的冷却液温度及其工作情况，因上坡时间长，发动机温度较高，容易出现冷却液沸腾的现象。一旦发现这种情况，应停靠在安全的地段，让发动机低速运转几分钟后再熄火，待冷却液温度降低后再行驶。切不能盲目操作，造成发动机的损坏。

三是在解冻期或多雨季节的山路上行驶时，要特别注意观察山上和道路的情况，确认安全后才能行驶。在山区的多雨季节，经常会遇到雷雨、山洪暴发及大水冲刷道路造成滑坡，公路坑洼不平，只能勉强通过单车的危险路段和便道。通过这些路段时，在没有绝对把握的情况下，必须下车观察路况，必要时加以整修和填补，然后用低速挡通过，如车上有人应下车步行通过。

四是在行车中，要经常注意观察道路变化情况和山上的情况，在有碎石下落的地方，就要注意观察会不会塌方，甚至要停车观察，确认无危险才能通过，以免车辆受损或人员伤亡。

3 勤鸣喇叭

在山区道路上，弯多且急，经常出现视线盲区，看不清对向有无来车，为使对向来车提前知道有车临近，应在进入弯道前及时鸣喇叭（夜间用断续灯光），并注意倾听对向车辆是否有鸣喇叭。喇叭不是可鸣可不鸣，而是必须要鸣，其目的是引起对向车辆和行人的注意，使其在心理上和操作上都有所准备，以便采取相应措施，从而避免事故发生。

山区道路驾驶禁忌

1 忌下坡空挡滑行

有些驾驶员为了节省燃油，在下坡时将发动机熄火，挂入空挡或踩下离合器踏板让汽车滑行,这是一种非常危险的做法。特别是现在许多车辆的制动系统、转向系统为真空助力，如果发动机熄火，不仅使转向沉重，而且制动力将大大下降。为此，汽车下坡时应利用发动机牵阻制动和行车制动器联合制动，随时控制车速。在下坡途中，不论汽车的制动系统是液压，还是气压，都禁止空挡滑行。

2 忌跟车过近

在山区公路行车时，跟车距离应大于一般公路。上坡时前车与后车之间距离应不少于75m；下坡时车距应增大到100m，若前车为重型牵引货车、半挂车，则车距还应再适当加大，以防前车或本车突发故障，造成相撞事故。

3 忌强行超车

在山区道路上行驶不能轻易超车，更不能强行超车。在山区道路上超车时，由于山区道路弯急路窄，比平原地区超车的难度要大，特别在砂石道路上超车更困难。山区道路不能强行超车，砂石道路，晴天时灰尘满天，雨天时水雾喷溅，驾驶员行车的视线会受到很大影响。在超越大型货车或挂车时，一定要有耐心，因为货车载质量大，不能轻易靠边，没有较宽的路段是不能靠边让道的。所以一定要等前车让道后，在视线良好、对向无来车和障碍物的情况下，才能加速超车。另外，在雨天超车时要注意控制车速，防止前车飞溅雨水，遮挡视线，导致意外事故的发生。

4 忌车辆后溜

车辆在山区行驶出现后溜是很危险的，为此车辆上陡坡如因动力不足而通过困难时，应卸下部分货物。若遇车辆失控后溜时，应把车尾转向靠山的一侧，使车尾抵在山石上，将车辆停住。此时注意转向盘不能转错方向，以免发生事故。

5 忌制动失效

在山区道路上行驶如感到汽车制动效能有异常变化时，应及时停车检查，排除故障后再继续行驶。如发生行车制动器突然失灵时，应沉着冷静，可采取“抢挡”的措施，增强发动机的牵阻作用，同时要灵活准确地掌握好转向盘，再运用驻车制动器给以辅助制动。但在操纵驻车制动器操纵杆时，不可一次拉紧不放，也不可拉得太慢。拉驻车制动器操纵杆应按下按钮，使制动力均匀地增大。也可采取拉一下、松一下，再拉一下、再松一下的办法，当车辆接近停住时，再将驻车制动器操纵杆拉至最紧的位置上。一旦制动器完全失效，车速会越来越快，以至无法控制而造成严重恶果。此时，应利用天然障碍给车辆造成道路阻力，以消耗汽车的动能，迫使车辆停住。例如将车辆顺势转入路边的田野、草丛、松软的土地、乱石等，以阻止车轮的滚动。如果情况紧急，可缓慢地转动转向盘，使车厢的一侧向山边（或树木）靠拢撞擦，以减少损失。

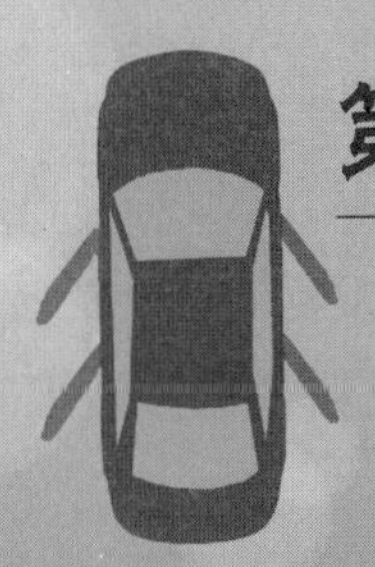

第 2 章

特殊条件下的驾驶经验与禁忌

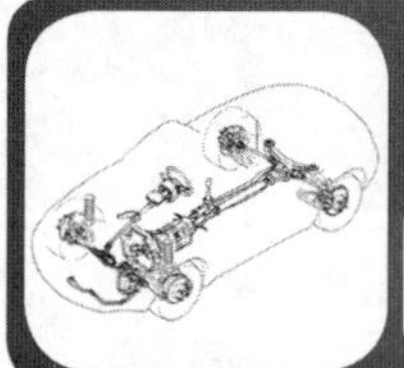

第 1 节

牵引车辆

汽车拖带挂车或汽车拖拽汽车行驶，即拖挂驾驶，又称牵引驾驶。牵引驾驶是提高汽车运输生产效率的一种重要方式。

1 牵引驾驶的特点

牵引驾驶主要有以下特点。

（1）发动机负荷增大，所需的混合气浓度和供给量增大，燃料供给系统要做出相应的技术调整。

（2）汽车总质量增加，行驶的惯性增加，汽车的起步、加速变得缓慢，制动距离延长。

（3）汽车拖挂由两个车体组成，虽然有各种连接机构连接，但车辆的稳定性仍然较差，挂车的摆动和振动对主车技术性能有较大的影响，给会车、超车、通过障碍物以及停车增加了难度。

（4）汽车外形尺寸变长，转弯半径相应增大，内轮差则相应减小，转弯对道路宽度的要求较高。

（5）车体总质量的增大和挂车的牵阻作用，使转向盘变得沉重，操纵不灵活，转向角度变小。

（6）拖挂车辆有两个重心，即牵引车重心和挂车重心，这两个重心常会形成两个不同方向的力，容易引起车辆侧滑和翻车，这要求车辆尽量保持直线行驶和低速转向。

（7）牵引车和挂车的载货情况对车辆的操纵稳定性影响很大，车辆对装载有严格的要求。

（8）车辆的车轴数增加，车辆后倒时的操纵方法发生变化，驾驶员后视距离延长，难以判断挂车后面的情况。

2 牵引驾驶的方法

牵引驾驶有软连接牵引和硬连接牵引两种方法。

① 软连接牵引

软连接牵引的方法，一般用于应急拖挂，比如用汽车拖曳故障车。软连接牵引的工具是钢丝绳、铁链或粗麻绳等。牵引时，将钢丝绳、铁链或粗麻绳牢固地套接在牵引车后部的牵引钩上，另一端系在被牵引车车架前端的拖钩上。牵引车与被牵引车的距离通常以5～7m为宜。在城镇繁华街道或弯窄路上，应适当缩短，但不可少于4m，涉水及坡道牵引时，两车距离适当加大，但不应超过10m。

软连接牵引的驾驶方法复杂，安全性差，不适宜长距离行驶。

② 硬连接牵引

汽车列车都由硬连接牵引形成，一般包括单杠连接、三角架连接、绞接式连接和伸缩式连接四种。

（1）单杠连接。用约3m长的金属棒，两端各镶焊一只圆环，即为牵引单杠。单杠连接主要用于从途中拖回有故障的汽车，或牵引其他车辆起动、移位等。使用时，单杠一端圆环套在牵引车后端的牵引钩上，另一端套在被牵引车的拖钩上。

（2）三角架连接。三角架连接是常见的一种牵引方法，广泛用于汽车拖挂驾驶中，三角架顶角置有挂环，套装在牵引车的牵引钩上，另外两角用销子连接在挂车前轮轮盘架的前端。采用这种连接方法，可以使挂车的前轮转向灵活，并能够调节与主车位置的高低差别。三角架一般都是与挂车固定连接的，从而成为挂车的一个组成部分。

（3）铰接式连接。铰接式连接又称鞍式连接。通道式的客运汽车列车都采用这种方法连接。它的连接方法是：牵引车的车架后端设置鞍式下转盘，挂车的车架前端设置有上转盘，牵引车与挂车的转盘叠合后，中间插入轴销成铰接状。铰接式连接能使连接部成为有效的装载空间，并使牵引车和挂车形成整体，安全可靠。

（4）伸缩式连接。伸缩式连接通常是长料挂车的连接方法。它的连接装置可分成两段，并能够根据需要伸长或缩短。前半段是一根单杠，杠体上设有若干销孔，根据伸缩的需要，通过2～3个插销与后半段连成一体。后半段成狭长的叉形，叉形前端有2～3个销孔，用以与前半段相连。使用时，前半段单杠套装在牵引车的牵引钩上，后半段与挂车相连（一般与单轴半挂车形成一体）。

3 牵引驾驶的操作

1 软连接牵引驾驶

软连接牵引驾驶比较复杂，安全系数较小，通常情况下尽量不要采用。只要不是制动器损坏或转向机构有故障的汽车，都禁止使用软连接牵引。

软连接牵引驾驶有牵引车（简称前车）驾驶和被牵引车（简称后车）驾驶之分。

1）前车驾驶要领

前车驾驶要领包括以下几项：

①起步前先鸣喇叭或用手势预告后车，等到后车回示后，再用低速挡起步，缓慢地将牵引绳拉直。前车行进感到稍有阻力时，再缓踏加速踏板，保持足够动力，平稳前进。

②行驶中应保持中速挡，切勿挂入高速挡行驶。行进要平稳，防止车速忽快忽慢，以免牵引索时紧时松被拉断。

③换挡动作要迅速，联动要平稳。低速挡换高速挡时，冲车距离要适当延长；高速挡换低速挡的时机要适当提前，尽量避免换挡后的前冲和后曳现象。

④行驶时要靠道路右侧，处理情况要提前，尽量以滑行代替制动，避免使用制动，更不能使用紧急制动，防止发生撞车事故。

⑤转弯时应提前减速，用手势、鸣喇叭预告后车，尽量靠弯道外侧行驶。如果因牵引绳太长妨碍后车转弯时，要停车减短牵引绳后再通过。

⑥下坡时，要适当加快车速，防止牵引绳过松使后车失去控制。

⑦停车要选择宽阔平坦的地段，先用手势预告后车。然后减速靠边行驶。

估计车已驶入路边时，再平稳地使用制动停车，防止前后车碰撞或后车停在道路当中。

2）后车驾驶要领

后车完全依靠前车拖动行驶，其行驶是被动性的。所以驾驶员在驾驶后车时，无论在方向的运用、速度的控制以及情况的处理上，一般都必须清楚前车意图和动态，谨慎灵活地操作。

①起步时，要及时松开制动器，并将方向回转到与前车一致的方向上。上坡起步时，应在牵引索拉紧的一瞬间松开驻车制动器操纵杆，防止起步前的后溜或起步时的制动。

②行驶中，应将变速杆移入空挡。行驶路线应和前车一致，或稍偏于前车的左侧，以便观察前方道路情况。

③行驶中，如果行车制动器没有失灵，要将脚放在制动踏板上，随时准备制动。使用制动时，要轻踩多踩，以保持车辆均匀减速，防止绷断牵引索或因牵引索松弛卷入前轮造成事故。如果行车制动器失灵，那么就必须握住驻车制动器操纵杆以代替行车制动器。用驻车制动器操纵杆制动时，要快拉快回。

④下坡时，要将变速杆挂入低速挡，踩下离合器踏板。需要减速时，抬起离合器踏板，用发动机的牵阻作用控制车速。

⑤行驶中注意前车发出的信号和手势，并加强对牵引索的观察，牵引索“宁紧勿松”。一旦前车制动，应采取相应制动措施，并迅速将转向盘向左转，使车头驶向道路中心，避免与前车相撞。

2 硬连接牵引驾驶

硬连接牵引驾驶的要领与单车驾驶要领基本相同，其不同之处有以下几点：

1）起步

起步前，应检查牵引车和挂车是否在一条直线上。当牵引车与挂车成一小角度时，起步的阻力会大大增加；当角度接近90°时，会将挂车横曳拖翻。因此，当牵引车与挂车的角度过大时，要用人力或倒车的方法将挂车和牵引车拉直。如果角度不大，应缓慢起步。

汽车拖挂起步时，发动机温度应达到50℃以上。除下坡外，起步必须使用低速挡（1 挡）。

平路上起步时，先以较低的速度放松离合器踏板，待汽车开始起动后，感到拖钩与挂环已拉紧时，再用力踏加速踏板，并相应地均匀放松离合器踏板。在复杂道路上及车辆满载的情况下，抬起离合器踏板的时间应比单车起步长一倍，踏加速踏板的力也应大一些。

2）换挡

起步后，应平稳行驶一段距离，然后再加挡，加挡时踏下加速踏板程度应比不带挂车时大些。从高速挡换入低速挡时，要比不带挂车时的减挡时机更准确，空挡踏加速踏板也应大一些，不可延至汽车乏力时再开始减挡。

上坡从高速挡换入低速挡，下坡从低速挡换入高速挡时，都可根据坡度情况越级换挡。

换挡后踏加速踏板的动作要迅速，加速要平稳，尽量减少空挡时机。因为在空挡时，车速的变化会使牵引钩作间隙伸缩。如果挂挡后加速踏板踏得过迟或过猛，牵引车在挂车的顶撞下，会产生急剧的抖动。

拖挂驾驶中，应避免转弯过急。在转弯前 80～100m 处，就应适当松抬加速踏板，利用滑行降低车速，同时判断道路情况，选择一定的转弯弧线，保持匀速缓慢行进。在转弯中，尽量不要制动，更不要使用紧急制动。在视距良好的弯道上，向左转弯前，要紧靠路的右侧行进；右转弯前，可视道路交通情况，略偏向道路的左侧行进。只有在确认对向无来车和弯道太窄太急的情况下，才允许侵占左侧车道转向。

绕过路上障碍物时，必须考虑到挂车的内轮差。要适当加大避让的弧线，提前转动转向盘，保证挂车平稳绕过障碍。避让障碍物时切忌急转转向盘，防止车体由于转动过急而产生偏摆现象。

3）制动

拖挂驾驶时，要确保挂车制动有效，并要求挂车的制动器和牵引车制动器同步。如果制动器不同步，在行车中，由于制动时和制动后的加速，车辆可能会产生严重的侧滑和拖拽现象。驾驶中要尽量少用制动，即使使用制动也应平稳均匀。不要使用点踩制动踏板的方法，其对单车能起到平稳制动的作用，但对拖挂的车辆，则会造成挂车与牵引车的激烈冲撞。

4）停车

停车前，应选择路面宽阔坚硬的地方，车辆靠右侧正直地驶入停车地点，将牵引车与挂车成一条直线停放。停车后，牵引车转向盘可偏向起步所需的方向，拉紧驻车制动器操纵杆并挂入一挡（或倒挡），再松抬制动踏板。在坡道上停车，挂车和牵引车车轮下要垫上三角木或砖、石块，以防溜滑。

5）掉头

拖带挂车在一般的道路上不可能像单车那样利用倒车的办法掉头，应注意事先观察和选择地形，尽量用顺车回转的办法掉头。

一般的拖挂车辆，在转弯半径达 15m 以上的场地，就可以采用顺车掉头的办法掉头。

道路宽度超过 8m 时，一轴转向式的挂车，可用原地掉头的方法掉头。其操作方法如下：先使车辆紧靠路边行进，接着急转转向盘行至路中停车，然后倒车。当牵引车后部刚触及挂车的拖架时停住，再使汽车前进。如此小距离的进、退 3～4 次之后，就可将牵引车的车头掉转，挂车也就被拉转过来。

3 牵引车辆倒车

牵引车辆的倒车方法基本与“倒车入库”的方法相同，要正确地运用转向盘，使倒车的方向保持正直。倒车时，一般从驾驶室后窗观察。如果挂车阻碍视线，则应有人指挥，再行后倒。牵引车与挂车的角度不能过大，发现偏斜应及时修正，因为只有保证牵引车与挂车的正直才便于倒车。

拖挂车辆倒车的转向盘操纵比较复杂，它是拖挂车辆后倒的关键。转向盘的操纵应根据挂车情况而定。如果是双轴挂车，方向与牵引车相同，欲使挂车车尾向左，转向盘应向左转；欲使挂车车尾向右，转向盘应向右转。如果是半挂车，则与牵引车方向相反，欲使挂车车尾向左，转向盘应向右转；欲使挂车车尾向右，转向盘应向左转。倒车时，应确认挂车是单轴还是双轴，然后再转动转向盘。转向盘角度不可转得太大，防止牵引车后部与挂车前栏板靠得太近，损坏车厢或扭坏牵引装置。

4 牵引驾驶的注意事项

（1）拖带挂车行驶前，应认真检查拖钩、拖架等牵引装置，察看是否有

松旷、弯曲、裂纹等；应认真检查制动管路与电缆的连接是否可靠，挂车挡板、车厢、轮胎是否符合规定的技术要求。在牵引车与挂车之间，挂车的前、后轮之间，应安装防护栏。

（2）拖挂行驶时，车速应略低于不拖挂车时的经济车速。车辆空载时，不可高速行驶，防止挂车强烈地摆动和跳跃。

（3）拖挂驾驶时，可充分利用车辆惯性进行滑行，但不可熄火滑行。遇陡坡及下坡转弯时，严禁脱挡滑行。

（4）上坡行驶时，应提前换入低速挡，避免在坡道上减挡。遇陡坡或冰雪路面的上坡道时，应先停车观察道路情况，看车辆是否有足够动力和防滑能力通过坡道。如果没有把握，应采取适当措施，严禁盲目驾驶车辆爬坡，以防溜坡造成事故。

（5）牵引行驶中，应尽量避免超车。如果要超车，应提前靠左边行驶，待前车避让后，并保证正前方200m处无障碍时，再行超越。超车后，估计挂车也远离被超车时，才可渐渐驶入正常车道。超车中严禁转动转向盘，以免挂车摆动撞碰被超车。

（6）轻车不能牵引重车，牵引车空载时不可拖挂重载的挂车，以防驱动轮打滑而降低行驶能力。

（7）装载要均匀，单轴挂车的前部不应装载过重，以免使车辆转向发飘。双轴挂车的重心不应靠后轴，以免挂车在行驶中发生摇摆。

（8）行驶中，如果感到车速突然加快或发动机动力突然增大，可能是挂车脱钩；如果感到牵引吃力，汽车摇摆偏向某一侧，可能是挂车发生故障；如果制动时感觉牵引车打滑，可能是挂车制动失灵；如果制动后再起步行驶吃力，发动机“发闷”，可能是挂车制动抱死。行驶中发生上述情况之一，都应及时停车检查，防止丢失或拖坏挂车。

（9）牵引长料挂车时，所装货物一般都是超长物，如果货物伸出挂车外，伸出的部分在车辆转弯时会产生横向偏移，很容易扫碰到路旁行人和车辆。转向时，应留出超长货物的横向偏移空间。

（10）上坡完毕转入下坡之际，牵引车虽已过坡，加速踏板仍不可松抬，必须等挂车也越过坡顶，感到发动机动力增加时，才可缓缓松抬加速踏板。

（11）下坡时，应严格控制车速，并经常试踏制动踏板，了解制动系统的可靠性。如果下陡而长的坡，则应换入低速挡，以便利用发动机的牵阻作用来控制车速。

（12）会车时，要保持挂车与牵引车直线行进，不可在交会中使用制动器。在两车正处于交会位置时，应微微加速，使挂车处于拉紧的状态，防止挂车发生摇摆碰到其他车辆。

第2节 冰雪道路驾驶

1 驾驶技巧

1 做好出车前准备

汽车在冰雪道路行驶，出车前应做好以下准备工作：一是仔细检查车辆，确保车况良好，尤其是转向系统、制动系统应有效、可靠，不得有行驶跑偏和制动跑偏现象；二是采取防滑措施，在驱动轮上安装防滑设备，如防滑链或防滑套；三是携带必要的防冻、取暖用品。

2 选择好行车路线

汽车在积雪过深地区行驶，由于雪的掩盖，道路不易识别，驾驶员往往搞不清楚道路、沟坎及路面状况。这时应根据行道树、电线杆、交通标志、路边栏杆等相互位置来判断道路，判明行车路线，沿着道路中心或积雪较浅处通过。如积雪超过车轴汽车难以通过，应设法铲除积雪，根据路边栏杆判断行车道路情况再行驶。在转弯、坡路及河谷等危险地段行驶，应特别注意选择行车路线，发现有可疑之处立即下车勘察。在山地险要路段因雪大行车没有安全把握时，要果断地停车，待人工清理积雪后，再继续停车，如任务紧急且又无法清除积雪，可由人员先前探路，沿路设下标志，车辆可沿标志前进。

③ 处理好会车与超车

在冰雪路面上应选择路面宽阔的安全地段会车，当发现对向来车时，应提前减速，靠右侧慢慢通过，尽量增大两车的横向间距，并与路边保持适当的距离，必要时须停车礼让。如果相遇地段不易会车，切不可勉强交会，要根据双方的道路情况，由一方倒车让路，切忌争道抢行。在冰雪道路上原则上不允许超车，若确有必要非超不可，一定要选择宽敞、平坦、冰雪较少的路段，待前车让路减速后方可超越，不得强行超车和高速强超，以防不测。

④ 佩戴好有色防护眼镜

在冰雪道路行车，由于冰雪对阳光的反射，驾驶员易出现双目畏光、流泪、痛疼、看不清等症状，导致视力下降，注意力涣散，很容易引发事故，因此行车中应佩戴有色防护眼镜。

2 冰雪道路驾驶禁忌

① 忌车速过快

在冰雪道路上行车，附着系数小，制动距离长。以时速 30km/h 为例，正常路面上制动距离只有 5.06m，而冰雪路面则有 35.4m，如果车速过高，则制动距离更长。因此，在冰雪路面上行驶，驾驶员应严格控制车速，时速不得超过 20km/h。如车速过快，一旦遇到突发情况，车辆难以在短距离内停下，极易造成交通事故。

② 忌跟车过近

如上所述，汽车在冰雪路面行驶制动距离很长，如跟车过近，一旦前车减速或停车，很容易造成追尾事故。为此，必须根据路面地形和车速情况，与前车保持有足够的安全距离。

3 忌转向过猛

在冰雪路面上行车，如转向过猛，极易造成车轮侧滑。为此在汽车转向时，应做到早转、少转，慢转慢回。

4 忌制动过急

汽车在冰雪路面上使用行车制动器，尤其是紧急制动，车辆会产生侧滑，甚至造成翻车事故。为此，行车时，应尽量采用预见性制动并利用发动机的牵阻作用减速，多用驻车制动器、排气制动，少用行车制动器，避免使用紧急制动。如遇紧急情况，可强行减挡，采用间歇制动和一拉一松驻车制动器操纵杆的方法减速停车，避免使用紧急制动。

5 忌停车时间过长

在冰雪路面上长时间停车，轮胎会与地面冻结在一起，造成行车困难，很容易损伤轮胎和传动零部件。为此，在冰雪路面不可长时间停车，如确需长时间停车时，应在车轮下铺垫砂石、柴草、木板等物，或者用铁锹、十字镐挖开轮胎周围冻结的冰雪和泥土。

第3节 雨天、雾天、风沙天气驾驶

1 雨天驾驶

1 雨天驾驶技巧

1）加强车辆检查

在雨天行车前要加强车辆检查维护。一要检查刮水器工作是否正常，刮水片是否完好；二要检查汽车制动时是否跑偏、制动器是否有效，如有问题应及时排除；三要检查发动机罩的封闭情况，防止渗水，造成电路短路；四要检查货物遮盖情况。

2）正确选择路面

在凹凸不平的道路上，雨后凹坑内会大量积水，车辆在行驶中应尽量避开，选择高处行驶。无法避开时，应探明情况，确认积水深度，避开较深积水，做好选择高处行驶的各方面准备，方可低速缓慢通过，且争取一次性通过。如果有车辆通过时，应待其通过后再通过，切不可跟进。对大水漫过路面处，应充分了解路面是否被水冲坏，不可盲目涉水。

3）控制行驶车速

雨天道路湿滑，轮胎的附着力下降，如果车速过快，惯性力增加，从而导致制动效果明显下降，发生事故的概率大大增加。为此，应严格控制车速，同时要注意保持适当的车距，尽量避免急转弯和紧急制动；在较窄路面上应避免超车，以防汽车打滑驶出路面。

4）稳妥处置情况

由于道路湿滑，交通状况混乱，驾驶员对情况的反应能力，对零部件的操作效能都变得较差。因此，驾驶员对道路情况的处置必须大大提前，周密观察，谨慎判断，稳妥处置，尤其要注意雨天行人和骑自行车人的动态，防止意外发生。行人在刚下雨时，可能由于没带雨具，在公路上低头东奔西跑寻找避雨处，或在路边躲雨后突然横穿公路，当暴风雨来临时，电闪雷鸣，尘土飞扬，天昏地暗，交通秩序混乱，行人只顾埋头狂奔避雨，而容易忽视了路上的车辆。此时驾驶员应减速行驶，多鸣喇叭，耐心避让，不要紧贴行人，避免泥水溅污行人。对于雨天骑自行车的人，因其受雨具影响，视线不良，驾驶员要特别提防。当骑自行车人穿着雨衣时，宽大的雨帽挡住左右视线，只能看清前方，左右及后面则难以顾及；帽檐长度有限，常使眼镜沾上雨水而使视线模糊；雨衣臃肿，转弯时打手势难以被人发现；大风时雨衣飘起，易带着、钩住其他车辆突发车祸。打伞的骑自行车人一手撑伞、一手扶车把，稳定性很差，有时因雨伞伞面被风吹翻或担心衣服被淋，既要顾雨伞，又要掌握自行车行驶方向，在路上呈“S”形行驶。因此，当发现这些骑自行车的人时，应提前减速，保持较大的横向间距，安全避让。

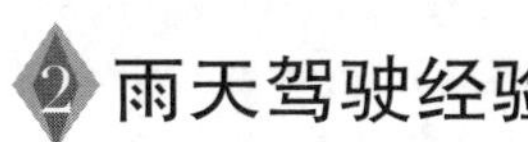

2 雨天驾驶经验

1）注意路面湿滑

雨水和路面上的积尘、油污相混合，形似润滑剂，使路面溜滑异常。为此，在行车中，一要控制车速，适当加大与前车的距离；二要慢转转向盘，少打少回，防止转向盘转动过急，增加汽车侧向惯性，引发侧滑；三要多采用发动机牵阻作用降低车速，使用制动踏板要轻踏快抬，尽量避免使用紧急制动，以防造成车轮抱死导致汽车侧滑。

2）注意视线不良

雨天天空阴暗，特别是下着蒙蒙细雨，或大雨天密密的雨丝形成厚厚的雨帘、浓浓的雨雾，都严重影响人的视线和听力。这时驾驶员坐在驾驶室内根本听不见外面的声音，看不清外面的情况。因此，应打开前照灯、雾灯、尾灯，勤鸣喇叭，让路上的其他车辆及早发现并避让。夜间雨中行车时，由于雨幕对灯光的反射作用，车前往往是白茫茫一片，形成炫目的光幕。此时应严格控制车速，多使用小灯、雾灯，特别在会车时更应注意。夏天的雷阵雨或暴雨来势凶猛，降水强度大，刮水器几乎发挥不了作用，风窗玻璃上的水流几乎挡住了视线，灯光的作用几乎丧失殆尽。这时切不可冒险行驶，应将车慢慢停到路边并打开各种车灯，或打开危险报警闪光灯，以提醒来往车辆，防止碰撞。

3）注意道路变化

久雨天气，要注意路基疏松和可能出现的塌陷，选择安全路面行驶。在傍山路、堤路或沿河道路上，不宜靠边行驶或停车。在超车、会车时更要注意。在山区遇到暴雨时，应尽量将车停在山顶的公路上，待雨停后再通过。

4）注意制动效能变化

汽车在积水路面或暴雨天行驶后，因制动摩擦片湿透而导致制动失效。制动鼓进水后，其水膜会使摩擦片和制动鼓之间的摩擦力明显降低而无法发挥制动效果，本来很有效的制动会因水的进入而突然失灵。如果忽略了这种情况，而在涉水后还用力踩加速踏板加快速度，万一遇到紧急情况，后果不堪设想。当发现制动失灵时，不要紧张，慢慢行驶，并用脚轻踩加速踏板及制动踏板，如此反复几次之后，摩擦片和制动鼓的摩擦生热便可将水膜蒸发。

3 雨天驾驶禁忌

1）忌车速过快

雨天路面积水后，附着在车轮与路面间的水膜就如同高速旋转的轴与滑动轴承间的润滑油，在路面和胎面间形成水楔。车速越高，水楔产生的上托浮力越大。当此浮力与车轮所受载荷相平衡时，就会将车轮浮起，使车轮与路面不能直接接触。当车速达到某一速度时，则前轮（从动轮）会在毫无转动的状态下前滑。因此，必须严格限制车速，以免发生危险。

2）忌紧急制动

雨天行车，由于轮胎与路面间的附着力降低，车辆易于侧滑。在低附着系数的路面上紧急制动时，车轮会迅速抱死，往往使方向失控，因此，雨天行车应避免紧急制动。

3）忌放气防滑

有些驾驶员在雨季到来时，会特意放掉汽车轮胎里的一部分空气，使轮胎扁一些，以加大与地面的接触面，增加摩擦力，防止侧滑，缩短制动距离。但这种做法是非常错误的，因为汽车在雨天制动时，最重要的是要有足够大的力把轮胎与路面间的雨水排开，汽车才能平稳停住。轮胎里的气体少了，与地面接触面积虽然增加了，摩擦系数也跟着有所增大，但这种增大十分有限。而轮胎的触地面积大了，对地面单位面积的压强减小，制动力减弱，不能很快将轮胎与地面间的雨水排干净，致使剩下的点滴雨水像润滑剂一样，促使汽车滑行更长的距离，故决不能放气防滑。

2 雾天驾驶

1 雾天驾驶技巧

1）出车前做好准备

雾天行车，在出车前应做好各项准备工作。

①要检查车况，对制动器、灯光、刮水器和喇叭要重点检查。因为雾天视线不清，行车时为了让对向车辆较早地发现来车，应适时使用雾灯和示廓灯。由于雾气聚于风窗玻璃上面，增加模糊度，雾水落于路面，使得路面光滑，降低了路面的摩擦系数，故而刮水器和制动器等都必须处于良好的技术状态，以备随时发挥最大效力。

②要擦拭车窗，雾天湿度大，水汽很容易凝结在风窗玻璃表面，使已经不良的视线更加受损，为此车窗玻璃一定要擦干净。

③要留心天气预报，掌握雾天的变化规律。

④要了解行车路线和道路状况，以防大雾弥漫，车辆驶错方向。

2）正确使用灯光

雾天能见度低，正确使用灯光不仅可增大视距，而且便于其他车辆发现自己。当雾气不太浓时，应开雾灯、前后小灯及示廓灯；当雾气很浓，能见度小于 30m 时，还应开近光灯和危险报警闪光灯。

3）及时鸣喇叭

雾中行车，应多鸣喇叭，以引起前后车辆及行人的注意；听到来车喇叭声时，也应鸣喇叭回应，让对向车辆知道。会车时还可开关灯光示意，以免发生碰擦撞车事故。

4）仔细观察

雾天视线受限，视距缩小，使驾驶员难以全面了解道路和交通情况，为此应采取一切可能的手段进行观察。浓雾中应间歇使用刮水器，以便把风窗玻璃上的雾气凝成的小水珠刮干净，改善视线。必要时可将头伸出车窗外进行观察。当路边有围栏和行道树时，可借助它们确认汽车行进方向。如果遇有同向行驶的汽车，可与前车保持适当的安全距离跟进行驶，这样就能借助前车的观察条件，确认前方情况。

5）各行其道

雾天行车，为防止前方突然出现交会车辆，来不及靠右行驶而发生危险，通常要将汽车始终保持靠道路右侧行驶，不可侵占对向车辆路线或超越其他车辆。会车时，应关闭雾灯，以免给对向车辆造成炫目，同时加大横向间距，低速行驶，会车后打开雾灯。

6）减速慢行

为使驾驶员能更清晰地观察周围情况，从容自如地处理各种道路交通信息，必须减速慢行。同时，因雾中情况不明，大部分车辆车速时快时慢，捉摸不定，减速慢行可以避免与前车相撞。

2 雾天驾驶经验

1）根据不同雾的特点谨慎驾驶

雾天，有时是大雾弥漫，有时是一阵一阵的团雾，有时是空中无雾但路面有雾，还有时是道路一段有雾一段没雾。有些驾驶员开车的时候，不太注意观察情况，对于前面路段是否有大雾也不在意，还是如常开车，待进入有雾路段，如同进了“天宫”，“腾云驾雾”般不知所措。为此，驾驶员一定要了解雾的不同特点，采用正确的驾车方法。当雾刚生成时，雾气浓度在不知不觉中逐渐增加，有人想在大雾生成前赶到目的地，盲目开快车，但这却是十分危险的。有时在低洼的路面上仅分布一层厚度为 1m 左右的浓雾，这虽不影响远视距离，但却使驾驶员看不清路面上的石块、沟坎、凹坑等障碍物，不能以为能看清路上的行人，车辆就可以放心高速行驶，当撞上路中障碍物，往往会发生严重事故。有时会遇到一阵一阵的团雾，犹如走进了明暗相间的迷宫。有时坡顶阳光明媚，坡下浓雾重重，行车中猝不及防，一头扎进浓雾区，眼睛一时不能适应，什么也看不清，其危险可想而知。经常长途驾驶的驾驶员有一个简单易行、可预测前方是否有雾的方法：当驾车向前行驶的时候，如果发现对向来车有很多都开着示廓灯或前雾灯，这时应该马上联想到，前方路段可能有雾，甚至有大雾。

2）正确处理可视距离与车速的关系

雾中行车时，可视距离受雾气浓度的影响，可视距离不同，车速也应不同。雾气浓度越大，可视距离越小，车速应越慢。驾驶员在行车中要根据实际情况，随时做出正确的判断和反应。可视距离在 30m 之内时，车速不应超过 20km/h；可视距离在 5m 以内时，属于特大雾，最好不要出车，可待雾消退或减轻后再出车。

3）警惕雾中行车错觉

由于受雾气的影响，驾驶员在行车中会产生种种错觉。一是速度错觉。由于雾中那些本来可以帮助驾驶员判断方向和车速的行道树以及路标等变得难以看清，驾驶员的速度感迟钝，感觉出的车速往往要比实际车速低，同时受尽快冲出浓雾包围的急切心理支配，会无意中提高车速。二是距离错觉。同样由于路边参照物模糊不清，驾驶员感觉出前方车辆的距离比实际距离要大，因而使跟车距离过近。三是光线错觉。有些驾驶员将前车停车开着的尾灯当成是行驶车辆的尾灯，紧跟而至导致撞车，或误将灯光不全的汽车当成摩托车，让道不及而碰擦。除此以外，还要特别当心那些前后都没有灯光的拖拉机、三轮车、路边停驶未开灯的汽车挂车等，它们都是雾中的“隐形杀手”。

3 雾天安全驾驶禁忌

1）忌乱开车灯

汽车上灯很多，在雾天主要使用雾灯、近光灯、示廓灯和尾灯，不能使用远光灯。因为远光光轴偏上，射出的光线被雾气漫反射，使车前白茫茫一片，犹如隔着磨砂玻璃一样，导致什么也看不清，所以雾天切忌使用远光灯。另外，一旦雾气散去，应及时关闭雾灯，因为雾灯比一般车灯亮度大，如果在没有雾的时候发亮，会干扰其他驾驶员的视线，严重的话，可能造成车祸。

2）忌车速过快

雾中行车时，因能见度低，盲区大，视线不清，开快车极易发生交通事故。为此，一定要严格遵守雾天限速规定，千万不可开快车。

3）忌车距过小

雾天尾随行车时，应与前车保持较大的跟车距离，万一前方出现问题，可为自己留有足够的应急距离和反应时间。另外，如果发现后车跟车太近，可轻踩几下制动踏板，但此时并不是真的进行制动，只是让制动灯亮起，来提醒后车应注意保持适当车距。

4）忌随意停车

雾天车辆随意停在道路上，难以被其他车驾驶员及时发现，很容易造成撞车事故。所以，雾天在行车道路上不得随意停车。如因车辆故障或其他特殊情况确实需要停车时，应立即打开危险报警闪光灯，并在车后100m外，设立警示标志，提醒过往车辆的驾驶员注意。

3 风沙天气驾驶

1 风沙天气驾驶技巧

1）做好防风准备

大风天气行车，在出车前应做好防风准备工作。一是要将车上篷布扎紧，必要时可卸下篷布，以减少空气阻力；二是货物在车上要捆绑牢固，防止被大风吹走或散落，对体积大、质量小的货物，装载时不要过高、过宽，以防被风吹翻。

2）谨慎驾驶车辆

车辆在大风天气要坚持中低速度行驶，严密注视行人和自行车的动态，随时准备制动停车。行车中如突遇沙尘暴，造成尘土飞扬，空气浑浊，能见度降低，使驾驶员的视野变窄、视距减小，此时应打开示廓灯、雾灯，并多鸣喇叭。

3）及时躲避暴风

途中突遇暴风，应立即停车躲避，车辆应尽量停在背风处，如无处背风，应将车尾对着来风，防止车辆被吹翻或被沙石打坏。

2 风沙天气驾驶经验

1）注意风向

大风天气行车，应根据风向不同，采取相应的防范措施。当风向与车辆行驶方向相同时，制动距离会相对延长，制动非安全区增大，这时应注意降低车速；当风向与车辆行驶方向相反时，由于风的阻力，会使车速降低，给超车带来困难，这时应尽量避免超车，若确需超车时应多踩加速踏板；当风向与车身垂直时，会使车辆转向半径及转向离心力增大，易使车辆侧滑或侧翻，应注意降低车速。

2）注意行人

行车中突遇暴风，往往天昏地暗，风沙弥漫，路上行人有的为避大风而狂奔乱跑，有的人为怕沙尘迷眼用衣服包着头跑，还有的人被风沙迷眼站在路中揉眼。此时驾驶员一定要严密注视行人动态，降低车速，随时准备停车。

3）注意自行车

风力较大时，自行车难以控制，行驶不稳定，驾驶员驾车临近时，要提前采取措施，鸣喇叭、减速、慢行，以提醒对向车辆注意，超车时应尽量加大与它们之间的横向距离。有些骑自行车人，为避免在汽车通过时受扬尘影响，往往在车前猛拐，横穿公路，因此也应特别小心。

3 风沙天气驾驶禁忌

1）忌沙尘迷眼

当暴风来临时，往往行人会四处乱跑，骑自行车人会到处乱穿，导致交通秩序极为混乱。此时正是驾驶员需用眼睛仔细观察交通动态的时候，但如这时眼睛被沙尘迷住，看不清前方情况，会有极大危险。为此，行车中遇到大风，一定要关严驾驶室门窗，以防沙尘吹入眼中。

2）忌用刮水器除尘

大风天气，空气中飘浮的灰尘落在风窗玻璃上，严重影响视线，此时有的驾驶员便打开刮水器刮除灰尘，这种做法是非常错误的。因为这么做不仅会使玻璃表面毛糙而导致视线不清，而且极易损坏刮水片。正确的方法是在风窗玻璃上落尘较多时，将车停下，然后用鸡毛掸子或车掸掸去灰尘，或用干净纱布蘸水擦拭，切不可用刮水器除尘。

第4节 夜间驾驶

夜间驾驶，因灯光照射范围和能见度有限，视线受到约束，使行车难度加大。为此，驾驶员必须掌握夜间行车规律，细心观察，谨慎操作。

1 夜间驾驶技巧

1 夜间灯光使用

车辆在夜间行驶，关键是要使用好各种灯光。汽车灯光不仅具有照明作用，而且具有信号指示作用。正确使用灯光的方法：

（1）起步时先开近光灯，看清道路后再起步。

（2）行驶中开熄灯时间一般与城市路灯相同，如遇阴暗天气视线不良时，可提前开灯，凌晨可推迟闭灯。

（3）在城市有照明条件的道路上行驶，应使用近光灯。

（4）及时开启示廓灯、尾灯、牌照灯和仪表灯，当看不清前方 100m 处物体时，开启前照灯。

（5）车速在 30km/h 以内，可使用近光灯，灯光须照出 30m 以外，车速超过 30km/h，在城市有照明条件的道路上行驶用远光灯，灯光须照出 100m 以外。

（6）在风、雨、雪天夜间行驶时，应使用雾灯或防炫近光灯，不宜使用远光灯，以免出现炫目的光幕而影响视线。

（7）夜间行至没有指挥的交叉路时，可用变换远近光灯示意其他车辆或行人注意。

（8）在道路旁临时停车时，应开示廓灯、尾灯以提醒驾驶员和行人注意。

2 夜间会车

夜间会车应在距对向来车 150m 以外，将远光灯换为近光灯，并降低车速，不准改用雾灯。要选择路面宽阔、平坦的路段交会，两车在横向并线时即应打开远光灯。夜间会车一定要做到“礼让三先”，在遇到对向车辆不改变远光灯时，应立即减速并使用断续明暗灯通知对向车辆变光。如对向车辆仍用远光灯行驶，应立即靠边停车让对向车辆先行，切不可自己也用远光灯赌气行驶，这样容易发生事故。

3 夜间超车与让车

夜间超车必须在道路和交通条件许可的情况下才能超越，超车时，先用变换远、近光灯告知前面车辆，待前车让路后，再向左打转向灯，超越后再给被超越车辆留一定的安全距离后再向右打转向灯，驶回原车道，绝对不能强行超车，以免发生事故。

车辆在夜间行驶中，当发觉道路的左前方忽明忽暗，表明后面有车想超自己的车，这时应视前方的道路和交通情况，决定是否让路，如前方没什么特殊的情况，就向右稍转转向盘，让出路面，让后车顺利超车。

4 夜间倒车与掉头

因汽车后面照明不良，所以在夜间尽量避免倒车。若必须倒车时，应首先下车观察路面情况，然后再倒车，倒车时最好有人进行指挥。

车辆在夜间行驶尽量不要在公路上掉头，如确需进行公路掉头，应选择在十字路口、环形路或立交桥等处实现一次性前进掉头。如没有前进掉头的条件，应先下车观察路面情况，在道路和交通条件许可的情况下进行掉头。掉头时，最好有人在路上指挥，在进退时要多留余地，不能太靠路边。

2 夜间驾驶经验

夜间驾驶，因车灯照射范围有限，难以看清路面状况和道路变化，以下几种经验方法，可以帮助驾驶员正确判断和识别道路。

1 通过灯光的光柱变化判断道路变化

通过灯光的光柱变化判断道路变化的方法：

（1）当光柱由长变短时，表明汽车驶近上坡道处，或者是下坡道将接近坡底，也可能是驶近弯道。

（2）当光柱由短变长时，表明汽车正在驶入下坡道，或者是由弯道驶入直路。

（3）当光柱离开路面时，表示前方出现急弯或面临大坑，或者汽车正驶上坡顶，也可能是汽车前方将下陡坡。

（4）当光柱从路中移向路侧时，表明前方出现弯道，转弯方向与所照侧方向相反，若是从道路的一侧移向另一侧时，则表示汽车驶入连续弯道。

2 通过夜间路面颜色判断路面状况

当前方路面不断出现黑影，车辆驶近又消失，表示道路有较浅的连续凹陷，如果黑影不消失，则可能道路有较大的凹陷或横沟。当灯光照到路面感到光线不强，表示是沥青路面，若感到路面发亮、光线明快，则表示是沙砾路。碎石路面在有月光夜为灰白色，积水处为白色；无月光夜为深灰色，路外为黑色；雨后为灰黑色，坑洼、泥泞为黑色，积水处为白色；雪后，车辙为灰白色，通过较多的车辆后呈灰黑色。

3 通过路边标志和景物判断道路情况

在有道路标线的道路上行驶时较容易判断道路的路形，如果夜间在无标线的道路行驶，应仔细观察指示牌和路边的路碑。遇有疑问时一定要减速或停车探明情况后再继续行驶。在黑暗中，可利用行道树、路旁电线杆及其他设置来判断路幅宽度与行驶方向。

4 通过发动机声音判断道路情况

未松抬加速踏板，车速自然减慢，发动机声音变得沉闷，表示行驶阻力增大，汽车正在爬缓坡或驶入松软路面；反之，车速自然加快，发动机声音变得轻松，说明行驶阻力减小，汽车正在下缓坡。

3 夜间驾驶禁忌

1 忌车灯故障

保持各种照明灯、信号灯和指示灯有效可靠，是夜间安全行车的保证。当前照灯出现灯光暗淡、射程不远、远近灯光不全，或后尾灯、转向灯和制动灯故障时，车辆在夜间行驶是非常危险的。因此，夜间上路行驶之前，务必对灯光进行全面检查，确认良好方可上路。

2 忌疲劳驾驶

有些驾驶员夜间行车是在白天长时间驾车的基础上又连续驾驶，受到人的生理因素的影响，体力难以维持，导致疲劳困乏。另外，夜间大地一片寂静，驾驶员只能听到有节奏的汽车行驶声音，只能看到有限而单调的路面。时间一长，便不由自主地产生睡意。为此，担任夜间行车任务的驾驶员必须要有充足的睡眠，保证在夜间驾驶时具有充沛的体力和旺盛的精力，避免疲劳驾驶。

3 忌车速失控

车辆的行驶速度主要由驾驶员进行控制，但在夜间行车中，由于道路上交通情况比较简单，进入深夜后，几十千米也难以见人、见车。许多驾驶员不知不觉地将车开得越来越快，使车速失控，这是相当危险的，特别是车速超过100km/h 时危险更大。因为此时并不像白天在高速公路上行驶，视线能看到几百米、几千米，夜间的视线距离很近，范围也只限制在灯光所照射的范围内，而道路两侧的情况根本看不到。如果车速太高，道路两边突然发现情况就很难及时将车停住。尤其是人的精神在夜间状态不佳，反应会变慢，很容易发生道路交通事故。此外，道路上的桥梁、弯道、狭路在灯光的照射下显示得并不清楚。当发现时，车辆已高速驶近，从而造成险情。所以，即使在道路条件较好的情况下，夜间行车的速度也应比白天行车速度慢一些。

4 忌车灯使用不当

一忌开灯不及时。当夜幕降临时，就要及时打开灯，目的是给前方来车和行人一个醒目的信号。即使不是夜晚，当乌云翻滚、大雾弥漫，能见度低时，都应打开车灯驾驶。二忌在照明良好的道路上使用远光灯。此时应使用近光灯或小灯，在通过有指挥的交通路口时，也应关掉远光灯，使用近光灯或小灯。三忌临时停车不开尾灯。在路边临时停车，一定要把小灯和尾灯打开，以引起外界的注意。

5 忌忽视灯光信号

夜间行车驾驶员必须随时注意道路上的交通指挥信号和其他车辆的灯光信号。对各种不同的灯光信号要仔细观察，正确判断。尤其对于施工信号灯、铁路道口信号灯，要格外小心，遇到这些信号灯，一定减速慢行。遇到移动的机动车灯光，要判断出是汽车、摩托车，还是拖拉机，以便正确交会。

第 5 节

铁道路口、隧道、桥梁驾驶

1 铁道路口

① 通过铁路道口技巧

1）通过有人看守的道口

通过有人看守的道口时，车辆应提前降低车速，注视信号指示灯和道口栏杆（栏门），当白灯亮、栏杆（栏门）开放，则表示准许车辆通过。为了慎重，此时还应密切注意两边有无火车通过，以防止道口人员失职。当确信能够通行时，则依次通行。

当红灯亮、栏杆（栏门关闭）放平，音箱发出报警或看守人员示意停止行进时，则表示不准车辆通过，此时车辆应依次停在停车线以外等待。

2）通过无人看守的道口

通过无人看守的道口时，应提前减速，做到“一停、二看、三通过”，不得盲目通过，严禁与火车抢行。当有视线盲区或雨、雪、雾等恶劣天气视线不良时，应该下车观察或让助手下车指挥通过。

② 通过铁路道口经验

1）正确驾驶操作

穿越道口时，应低速（15～20km/h）行驶，迅速通过，不得在火车行驶区域内换挡、制动、停车或空挡滑行。遇道口内的路面凹凸不平、铁轨又滑时，要注意防止车辆跑偏和侧滑，两手应紧握转向盘，把握好行驶方向，保持直线行驶。车队设立临时调整哨，车辆间保持车距，依次通过。

2）正确处理险情

当车辆在火车行驶区域内熄火时，应立即采取应急措施：一是所乘人员迅速下车，用人力将车推至安全区；二是调用其他车辆将故障车拖走；三是挂入一挡或倒挡，借助起动机的动力，将车驶离道口。以上办法均不能奏效时，设法告知火车司机，采取紧急制动措施，以减少撞车的可能性和减轻碰撞的危害程度。

3 通过铁路道口禁忌

（1）有些驾驶员在接近无人看守的道口时，当发现远处有火车来临，为了避免长时间的停车等待，总想抢在火车到达前通过，与火车争道抢行，这是非常危险的。驾驶员切记在通过铁路道口时应“宁停三分，不抢一秒”。

（2）忌违反操作规程。有些驾驶员缺乏安全通过道口的常识，在火车行驶区域内换挡、制动、停车，这都会导致发动机熄火，从而酿成撞车事故。

（3）忌停车等待时占用逆行车道。当火车通过城市中的铁路道口时，往往在路上等待的机动车和非机动车很多，此时车辆必须依次停车等待，不可超越前方已停车等待的车辆，更不能占用逆行车道，以防道口放行时造成交通堵塞。

2 通过隧道

隧道按长度不同可分为长隧道和短隧道，长隧道出入口无法看到出口，短隧道则可从入口看到出口。隧道按宽度不同一般分为单行隧道和双行隧道。

1 隧道驾驶技巧

1）进入隧道

①车辆通过单行隧道。单行隧道只能同时通过一辆车。在进入单行隧道前应仔细观察对向有无来车，是否有通行条件。允许通过时，适当鸣喇叭或开启

示廓灯，缓行通过。如发现对向有来车驶入隧道或有停车信号，应及时在道口靠右侧停车，待来车通过或见有放行灯光信号后，再起步驶入隧道，做到红灯亮停车，绿灯亮通过。

②车辆通过双行隧道。双行隧道可同时通过双向进入的车辆。车辆通过双行隧道应靠道路右侧行驶，视情况开启灯光，注意交会车辆，隧道内一般不宜鸣喇叭，尤其在距离较长、车辆流量较大的隧道内更需注意，避免喇叭声使隧道内噪声增大。

2）驶出隧道

车辆驶出隧道时，一是要注意观察隧道口处的交通情况，对于无法观察的道路两侧视线死角，要防止行人、牲畜等的出现，应在出口处及时鸣喇叭，预防发生事故。二是要提防出口处有较强的气流干扰，应握紧转向盘，适当抬起加速踏板降低车速，但不得脱挡滑行。

2 隧道驾驶经验

1）进入隧道前要认真观察交通标志

隧道入口处都有标高、标宽等交通标志和用文字说明的规定，对于载货汽车要特别注意高度限制规定，进入隧道前要仔细测量货物装载高度，超高的车辆严禁进入隧道。

2）进出隧道应注意视觉明暗适应变化

当汽车在白天进入隧道时，突然由明亮变为黑暗，开始视觉感受性很低，然后又逐渐提高，这个过程叫暗适应；当汽车出隧道时，突然由黑暗变为明亮，此时视觉感受性降低的过程叫明适应。明暗适应是一种生理现象，驾驶员进出隧道时视觉都有一个适应的过程。为此，进出隧道时一定要减速行驶，避免因速度过快而没看清隧道内的前进方向，导致交通事故的发生。另外，在进入隧道前便打开前照灯，以减小明暗适应现象对隧道行车安全的影响。

3）注意隧道内路面湿滑

隧道有的是穿山而过，有的是穿越地下，由于地质方面的原因，加之长期见不到阳光，隧道内路面一般都比较潮湿，甚至有积水。车辆在潮湿路面行驶时，制动距离增长且容易产生侧滑。为此，驾驶员在隧道行车应保持适当的车距，同时避免使用紧急制动，以防发生交通事故。

3 隧道驾驶禁忌

1）忌违章行车

隧道内由于受到路面宽度和交通条件的限制，交通法规规定在隧道内不准超车、倒车、停车和掉头，驾驶员切不可违反这些规定行驶，以防在隧道内发生交通堵塞和交通事故。

2）忌高速行驶

隧道内因光线较差，视线不良，加之路面潮湿，若行车速度过快，一旦遇到突发情况，采用紧急制动，很容易发生交通事故。为此，驾驶员在进入隧道后要随时观察车速表，将车速控制在安全限速的范围内，切忌高速行驶。

3）忌车距不当

在隧道内尾随行车，要保持充分的车距，若路面湿度较大，车距要相应增大，以防发生追尾事故。

3 通过桥梁

公路上的桥梁各种各样，结构材料不尽相同，承载能力也各不一样。常见的桥梁主要有水泥桥、拱形桥、木桥、浮桥、吊桥和便桥等。

1 通过桥梁驾驶技巧

1）通过水泥桥

水泥桥材料质量要求高，建筑结构牢固，桥面平整跨度大，承载能力大。通过水泥桥时，如为双车道以上桥面，路面平整，可按一般驾驶要领通过。如桥面狭窄，应看清前方是否有来车。若桥面会车有困难，不可冒险会车，应提早主动在桥头宽阔地段停车等候，不要抢行。

2）通过拱形桥

拱形桥多用石料筑砌，桥面宽幅不一，拱形度大，视线受阻不清，不宜观察对面情况。通过拱形桥时，往往无法看清对向来车和行驶路线，因而车辆应多鸣喇叭，靠右减速行驶，并随时注意对向来车和行人情况。车行至桥顶，要放松加速踏板，减速下行，同时注意观察桥下情况，随时做好制动准备。

3）通过便桥、木桥、吊桥和浮桥

木桥材料牢固性差且容易腐烂，承载能力小，通过时行驶困难；浮桥、吊桥承载负荷低，安全性差，难以通行；便桥路窄，汽车通过时危险性大。通过便桥、木桥、吊桥和浮桥时，须先停车察看，在确认无危险后利用低挡平稳驶过。不要在桥上变速和制动，车上的乘员最好下车步行过桥。

2 通过桥梁驾驶经验

1）注意观察桥头的交通标志

车辆在行驶中发现有桥梁指示标志时，要减速慢行，做好过桥准备。桥头若有限重、限高的限制标志，一定要按规定过桥。超重超高的车辆必须采取措施，使其符合过桥标准后再过桥。

2）注意桥梁两端道路宽度变化

桥梁是公路上车辆事故的多发地段。车辆之所以容易在桥梁处发生事故，主要原因是桥梁改变了道路的宽度，导致与桥梁两端衔接的道路较宽，而桥梁上的道路较窄，汽车通过桥梁时，驾驶员难以适应条件的变化，导致撞桥翻车、坠桥等事故。

3）注意桥梁路面情况

汽车通过拱形桥梁时，如桥面上有稀泥或冰雪，应对桥面情况进行勘察，采取下列措施通过：一是在车轮上采取防滑措施；二是在桥面铺垫防滑物品；三是清除稀泥或冰雪后再通过。

3 通过桥梁禁忌

1）忌高速行驶

在狭窄桥不可高速行驶，若车速较高，一旦对向有来车，势必造成桥边紧急避让。若为了减速而踩制动踏板，一旦发生侧滑，就有可能碰撞栏杆。如桥面湿滑，汽车高速通过，则危险更大。所以要求驾驶员利用中速和预先减速滑行驶进桥面，在桥头尽量避免利用紧急制动，严禁高速过桥。

2）忌思想麻痹

汽车通过桥梁时，要密切注意道路的宽度和高度变化，尤其是通过较窄的拱形桥时，一定要减速慢行，不能在桥面上超车或掉头。

3）忌冒险通过

遇路面不平、狭窄、视线不清的桥梁，须减速慢行，注意观察，随时做好避让和停车准备。通过木桥、浮桥、吊桥和便桥时，事前应注意观察桥梁牢固程度，若条件许可，以低速挡慢速平稳通过，避免途中变速、制动和停车，造成对桥梁的冲击，发生危险。

第6节 沙漠、高原地区驾驶

1 沙漠驾驶

1 沙漠、沙滩路的特点

我国西北、内蒙古地区，有些公路通过沙漠或邻近沙漠地带，由于风沙的不断作用，经常在道路上形成厚薄不同的流沙层或沙丘。沙漠、沙滩地段，路面表层都由细碎的沙石颗粒组成，结构松散，由于沙粒间黏结力趋近于零（干沙粒），抗剪强度低，附着系数很小，汽车行驶在这种路面上，沙粒在车轮驱动力的作用下，不断地向后蠕动，引起驱动轮打滑，汽车牵引力不能得到充分利用，致使行驶困难，且往往造成陷车。

沙漠地区的气温在夏季会比气象预报的高，在冬季会比气象预报的低，要随时注意调节发动机温度，做好防暑防寒工作。沙漠地区有时狂风暴发，尘沙飞扬，辨不清道路和方向，给行车带来困难，对车辆零部件和装载货物也会造成危险。因此，在沙漠地区行车，要注意这些特点，防止发生意外。

2 驾驶操作及注意事项

在沙漠、沙滩路驾驶时应注意以下几点：

（1）通过沙漠、沙滩前要做好充分的准备，应随车携带木板、圆木、草垫、大绳索等防滑、防陷用品。在戈壁滩、大沙漠的道路上行车，还要携带汽车备用器材、冷却液以及指南针、食品和御寒用具，以防发生意外。

（2）通过沙漠地段前，应停车察看道路和沙粒结构情况及沙层含水量多少。根据具体情况，决定通过方法。

（3）在沙漠地段起步时，可用正常起步挡的高一级挡起步，以防驱动轮空转。起步后应尽可能保持直线中速或低速行驶，握稳转向盘，缓踏加速踏板，平稳通过。

（4）行驶中要选好挡位，尽量不换挡或少换挡。必须换挡时，动作要敏捷，使车辆保持足够的行驶惯性，必要时可越级换挡，以防换挡动作迟缓，造成停车。行驶中要匀速前进，稳踏加速踏板，切忌忽快忽慢，防止驱动轮突然变换转速而造成陷车。

（5）通过短距离沙层，估计无危险情况时，可选用中、高速挡，正直冲过。

（6）沙层厚度不超过所驾车辆轮胎断面高度或超过这个高度而距离较短时，应沿前车车辙行驶。

（7）通过表面有层“硬皮”的沙层，前车通过后，硬皮被碾碎，后车不宜随前车辙行驶，须另择路线行驶。

（8）在大沙漠、戈壁滩、海水退潮后的海滩地段，除特殊情况外，不要单车冒险行进，要同其他车辆结伴而行。行驶中要经常保持联系，以便发生意外时，相互救援。

（9）行驶中，如果发现驱动轮空转，应立即停车，后倒一段距离后，再挂低速挡匀速前进。不可原地继续驱动，以免车轮越陷越深。

（10）若车已陷住，首先用随车携带的铁锹排除积沙，然后用木杠、垫木将驱动轮撬起，车轮下垫入木板、树枝圆木等材料，再挂低速挡匀速驶出。如果无法解脱困境，不可强行驱动，防止进一步深陷而增加其他车进行救援的困难。

救援被陷车时，要选择比较坚实的地点停车，防止拖拉被救援车时双双陷入沙坑。

（11）要注意气候的变化，在早春秋末季节夜间停车，要将冷却液放尽，以防冷却液结冰冻坏发动机。如果遇到大风沙天气，要立即将车背对风沙停车熄火，以防沙粒吸入汽缸、曲轴箱及空气压缩机内。风沙过后，要察看线路上是否安全，然后根据情况，判明方向和线路后再行车，以防迷路。

（12）选择坚硬或有草皮的地点停车。停车时，最好在驱动轮下垫上木板，防止停车后车轮下陷，造成起步困难。湿沙地段不宜在一个地方过久停车，以防沙层下陷造成陷车。

（13）戈壁滩、河滩上布满砾石和鹅卵石，汽车在这种路面上行驶，两前轮所受阻力不同，会产生忽左忽右的侧滑偏移，转向盘会自行左右猛烈转动。在鹅卵石路上，这种现象尤为突出。在这些地段行驶，应注意选择行车路线，两手握紧转向盘，防止由于前轮偏移转动转向盘击伤手臂。必要时，应停车将行驶路上较大的砾石捡开，然后再通过。

2 高原地区驾驶

1 高原气候对汽车驾驶的影响

我国西北、西南高原地区海拔都在2000～3000m以上，气候和平原地区迥然不同，那里的大气压力低，空气稀薄，气温低，同一地区内，白天和晚上气温相差很大，气候变化无常，降雨量少。高原地区的这些特点，给汽车驾驶带来一系列影响。

（1）气压低引起的沸点低，常出现冷却液沸腾和发动机过热现象。

（2）空气密度小，使汽缸内充气量下降，空燃比变小，混合气变浓，燃烧不正常，致使汽车动力性能变差，燃料消耗增加。例如，在海拔5000m地区行驶的汽车和在平原地区行驶的汽车相比，功率下降一半，耗油量增加10%～20%。

（3）气压制动装置的车辆，其制动效能会减弱，延长了制动距离。

（4）由于汽油容易挥发，发动机过热，因此供油管路经常产生气阻。

（5）轮胎气压相对增高，容易发生爆胎事故，应及时检查轮胎压力。

高原地区驾驶的技术措施

长期在高原地区行驶的汽车，可以经过必要的技术改造，以适应高原地区的特殊气候条件。

（1）缩小汽油发动机的燃烧室容积，以提高压缩比；改变配气相位和改善进、排气管通道，增加充气量。

（2）对燃料系统进行适当调整，汽油车的化油器可降低浮子室油面，缩小功率量孔，将固定主量孔改为配剂针，并可扩大空气量孔，以改善空燃比，柴油车可调小高压油泵的供油量和调高喷油嘴的喷油压力。

（3）加装电动汽油泵以防气阻。

（4）随着海拔的提高，相应增大点火提前角，海拔降低时相应减小。火花塞间隙可适当调大，以改善点火性能。

（5）为防止气阻引起液压制动装置以及离合器的液压传动失效，应采取隔热或降温措施，比如在储液缸周围包裹湿布，设置小水箱淋水；改变储液缸的安装位置，使其远离热源；在储液缸外部加隔热板，减轻受热程度；向储液缸吹风，使其冷却；也可增大储液缸容积，以延长升温时间。经常在高原地区行驶的汽车，还应注意将轮胎气压作适当调整。

3 高原地区驾驶的注意事项

（1）在高原地区驾驶，出车前应注意了解气象预报情况，做好必要的准备。行驶途中遇到天气突然变化，应采取安全措施，或减速缓行，或暂停行驶。待天气好转，能见度提高后再行驶。停驶时，要注意发动机的保温和防冻。

（2）高原地区道路上车站少，距离远，联系不方便。出车前应根据需要带好随车易损零件、防雨、保温和低温起动的预热设备，以及燃油、润滑油和冷却液等，以备途中使用。

（3）保持中速行驶，控制冷却液温度，防止冷却液沸腾。

（4）要随时注意制动器的工作效能。气压制动器由于空气压缩机的效率下降，储气筒压力不易升高，要特别注意气压表指示的读数；液压制动器主要是防止气阻，感到制动踏板软弱无力时，应停车检查。

（5）对不熟悉的地区，要尽量先了解道路的情况和中途食宿情况。通过少数民族地区，应尊重当地的民族习俗习惯，耐心驾驶，确保行车安全。

（6）平时不常到高原地区的驾驶员，有高原反应，开始要减少活动量，注意及时休息。遇到胸闷脑胀时，不必紧张，适当休息一段时间后，会逐渐适应，由于气候冷热变化较大，要注意身体保暖，带些必要的预防和治疗药品，做到有备无患。并适当注意饮食营养，条件许可时，应少食多餐，食物应易于消化、营养丰富、高糖和含多种维生素。晚餐不宜过饱。禁止饮酒，以免增加耗氧量。睡眠时枕头应垫高，使呼吸畅通，提高睡眠质量。

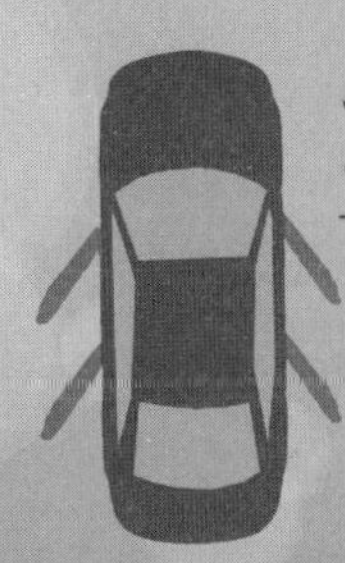

第 3 章

紧急情况下的驾驶经验与禁忌

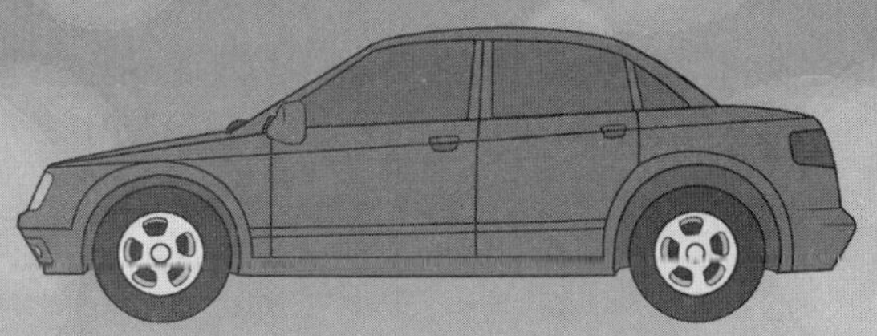

第1节

制动失灵

汽车制动失灵一般很少碰到，一旦发生制动失灵，其危害性是非常大的。万一在驾车时发生制动失灵，驾驶员首先要保持冷静，不要惊慌失措；其次根据现场的情况，采取积极有效的措施，使车安全停下，以免造成更大的损失。

在高速公路上，一般和前车的距离较大，如果踩一下制动踏板没有反应，可以多踩几下试试，如果还是没有反应，说明行车制动器已失灵，这时应马上向紧急停车道变道。车辆进入紧急停车道后，可将变速器逐一挂入低挡行驶，这样利用发动机的牵阻作用可以较快地将车速降下来，在车速低于30km/h后就可以用驻车制动器将汽车停住。如果是自动挡的车，稳住转向盘，慢慢松抬加速踏板，让汽车慢慢地自行降速，最后用驻车制动器将汽车停住。

在普通道路上如果制动失灵，首先控制好转向盘并且快速地将变速器挂入一挡，这时松抬离合器一定要快。在一挡时如果发觉汽车降速还是不够，则可以用连续不断地拉、放驻车制动器操纵杆来进一步降低车速。如果驾驶的是电喷车，甚至可以用熄火来加快汽车的减速，最后用驻车制动器将汽车停住。如果是自动挡的车，可以将变速杆拉入最低挡（这样做对自动变速器的损害很大），然后连续不断地拉、放驻车制动器操纵杆降低车速，不可以拉得太紧，以防驻车制动拉索被拉断，当车速低于30km/h后，将变速杆推入空挡，再拉紧驻车制动器操纵杆将汽车停住。

在进入弯道或转弯之前制动失灵时，先控制住方向并快速地挂入低挡，可以视情况决定是否利用驻车制动，一定要使车速在进弯之前降下来，在进弯时先松开驻车制动器操纵杆，然后才可以转动转向盘。在过弯或转弯的过程中不可以再拉紧驻车制动器操纵杆，否则会造成车辆甩尾，从而导致更大的车祸。

在上坡时制动失灵，也应快速地抢入低挡，路况可以的话，慢慢地驶上坡顶，再利用驻车制动将车停住；如需半坡停车应保持前进低挡位，踩下离合器踏板，拉紧驻车制动器操纵杆将车停住，如果车辆有后溜的趋势，可以松一点离合器踏板，利用离合器的半联动将车辆控制在坡道上。

在下坡时制动失灵，千万不要心慌意乱地猛拉驻车制动器操纵杆，可以用在普通道路上的应急方法来降低车速并停车。如果实在无法将车停住，而情况又非常紧急，那只有选择路旁的围栏或障碍物，把车开上无人的一边，利用撞蹭减低车速，只有先保人后保车。需要指出的是，那种不减速就直接向周围物体上靠的措施是极其危险的，高速剧烈的乱撞会直接损坏车辆，并容易被物体反弹造成碰撞和翻车，况且很多路段周围没有障碍物，学会利用发动机的牵引阻力来控制车速才是明智和正确的。

此外，值得一提的是，车辆在下坡时无论有无情况都应该踩一下制动踏板，它的好处在于：一是检查一下制动性能，二是一旦发现制动失常可以赢得控制事故的时间，减少恐慌情绪，做到冷静控制车辆，这也称为预见性制动。车辆在行驶中各种故障都有可能发生，制动失灵也不例外，预见性制动可使我们在突发故障时赢得时间，化险为夷，转危为安。

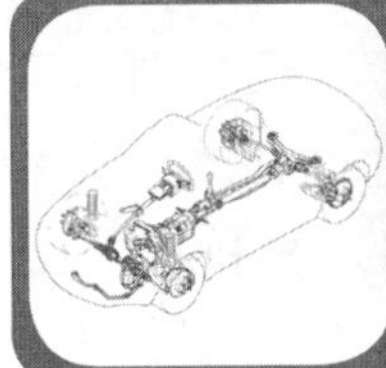

第2节 夜间车灯故障

夜间行车（如图3-1所示），如果前照灯突然熄灭，要沉着果断，稳住转向盘，立即采取停车措施，及时打开小灯、雾灯或防空灯，必要时也可使用转向灯暂时照明。如前照灯一时不能修复，按规定不可继续行驶，若遇特殊情况时可暂用其他灯光代替。如果所有灯光都因故熄灭，可借助月光低速行进。为了能较清楚地观察道路，驾驶员可将头探出车外瞭望。注意选择路线，保持在道路中央行驶，若道路两旁有树或电线杆，可作为路宽的标志。前照灯刚开始熄灭时，如果眼前什么也看不见，可停车片刻，闭眼等待一会，待视力完全适应之后，再驾车继续行驶。

图3-1 夜间行车

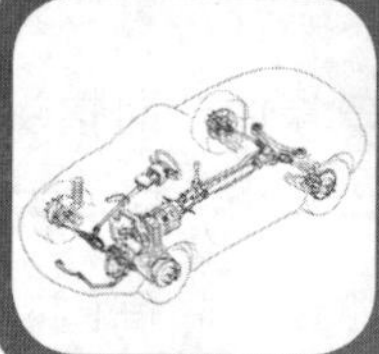

第 3 节

发生碰撞、剐蹭事故

1 防碰撞的经验

汽车碰撞如图 3-2 所示。

（1）在车流中，在不轧分道线的前提下，和前车稍微左右错开一点，这样就会容易看到前面车辆的动态，后车也很容易看到前方车辆的动态，因此降低了被碰撞的风险。

（2）制动不及是碰撞的一个主要原因，所以保持合理的安全车距就显得尤为必要。宁愿让其他车辆“有机可乘”地钻进来，也不能跟车太近。

图 3-2　汽车碰撞

（3）当前车制动灯亮时，表明前车开始制动了，驾驶员也要松开加速踏板，把脚放在制动踏板上并观察前车情况，随时准备制动。

（4）从后视镜得知跟车过近时，应采取轻点制动踏板的方法进行警告。

（5）如果自己的车需要紧急制动时，应想到会不会对跟车造成威胁。踩下制动踏板的右脚，在还未吃力时迅速抬高一下，随之再用力踏下，如此操作会使制动灯二次闪亮后车速才开始骤减。就是这样一个“举脚之劳”的小动作，就能给跟车驾驶员提供提前反应的机会。

2 防止剐蹭的经验

驾车加速行驶十分常见，但是如果不能够正确地操作制动器（特别是新手），汽车有可能在一瞬间变成事故的凶器，因此，制动技术是汽车驾驶技术的重要一环。掌握以下 8 种制动技巧，可使驾驶员在驾车制动时，做到游刃有余。

（1）长距离轻制动的技巧。高超的制动技巧是不给乘车人有冲击的感觉，其前提条件是正确把握前方的道路及交通状况。首先是松开加速踏板，然后根据距离、车速等进行制动操作。

（2）车辆完全停止前松一次制动踏板。如果踩制动踏板的目的是停止车辆行驶的话，一直踩着制动踏板直至车辆停止行驶前瞬间会产生比较大的冲击，可在车辆完全停止前松开一次制动踏板，然后再轻点制动直至车辆停止行驶。

（3）紧急制动时要用力踩制动踏板。20 年前的车辆多数没有制动防抱死系统（ABS），因此不建议一次全力踩制动踏板，而是应分开 2 次踩制动踏板，防止车轮抱死后发生甩尾及方向锁死。但是现在 ABS 已经是车辆的标准配置，因此如果遇到紧急情况时，一定要全力踩下制动踏板。

（4）土路或浮砂路面制动仍然有危险。不仅是乡村道路，即使是城市的沥青路面，由于城市建设等在道路两旁会堆积一些浮土或砂粒，这时候一定要谨慎使用紧急制动的操作。

（5）雨天行驶时谨慎使用紧急制动。尽管现在车辆基本都配置了 ABS，车轮抱死等现象得到极大改善，但建议在雨天行驶注意在控制车速的同时，仍要谨慎使用紧急制动的动作。

（6）长下坡路段行驶同时使用发动机制动。长时间使用制动器的话，制动系统会因为发热而影响制动性能。所以，可以根据路况将变速器的挡位选择在 3 挡、2 挡、L 挡（自动变速器）或 3 挡、2 挡、1 挡（手动变速器），不踩加速踏板而是利用发动机制动控制车速。

（7）转弯时注意制动的操作方法。转向踩制动踏板时，车辆容易失去重心，因此在进入弯道前应该通过制动充分地减低车速。但如果来不及减速的话，可根据情况短暂使用制动器。湿滑弯道路面紧急制动容易发生甩尾，可以通过降低变速器挡位，利用发动机制动进行减速。

（8）“排骨路”行驶注意凹凸情况。“排骨路”（搓板路）或砂土路的路面有许多的凹凸，车辆通过时车轮会瞬间悬空，这时制动不仅容易产生短暂抱死，且容易发生变换方向的情况，可能的情况下应尽量利用发动机制动。

第4节

车辆自燃

车辆自燃如图3-3所示。

（1）不要习惯性地将打火机放置在仪表台等位置，这样在夏天高温天气由于暴晒，打火机容易发生爆炸而引发火灾危险。加之现在很多的汽车内饰材料，一般不具备防火性能，一旦发生火灾，火势容易蔓延。

图3-3　车辆自燃

（2）不要随意改动汽车的电路。很多新购车的用户，对自己刚购置的爱车疼爱有加，他们可能会给车辆添加防盗器，换装高档音响，改进造型。如果不到专业店去完成这些工作，便会给自燃事故的发生埋下隐患。如果技术人员水平有限，他们不会去分析车辆的线路布置和具体的结构，更不会去考虑通过计算不同线路功率来决定由哪里获取电源更合理之类的问题。因此也就出现了随便乱引导线，负荷大的地方不加熔断器，易摩擦处也未有效固定等多种错误做法。一旦出现线路老化、过载或磨损搭铁的问题，故障线路便会产生大量的热能，再加之导线质量差或周围有易燃物品，自燃事故将不可避免。

（3）不要将车随意停放。在停放车辆的时候，也要对停放地点稍加考虑。曾经有一辆汽车在长时间停放后再次起动时，车辆发生了自燃现象。经检查确认，事故的起因在于线路受损导致导线短路，而作案的凶手竟是老鼠。

（4）不要将装备有三元催化转化器的车辆停放在易燃物附近。现代汽车一般都装备三元催化转化器，这个位于排气管上的装置温度很高，而它在大多数轿车上的位置又比较低，若将车停放在易燃物附近，容易发生自燃。

（5）不要忘记在车上配备一个灭火器。在日常用车的过程中，应严格按照车辆使用手册上的要求去做，此外，平时还要在车上配备一个灭火器。当然，这个灭火器必须是工况良好的，用户也须掌握其使用方法，以便做到临危不乱。

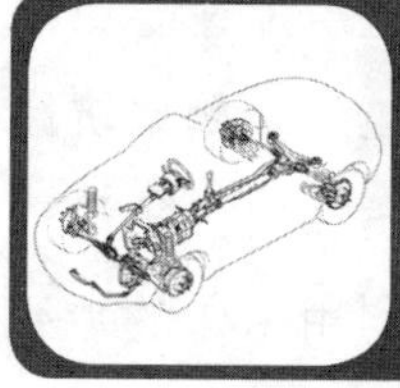

第5节 轮胎破裂与爆胎

轮胎爆胎如图3-4所示。

（1）当意识到爆胎时，双手紧握转向盘，尽力控制不让转向盘自行转动，尽力让汽车沿原方向直线行驶，若已有转向，也不要过度校正，事实上也难以校正。

（2）在控制住方向的情况下，迅速抢挂低速挡，利用发动机牵阻作用制动车辆。在发动机牵阻作用尚未控制住车速前，不要使用制动器停车，以避免车辆横甩或出现翻车事故。

图3-4　轮胎爆胎

（3）轻踩制动踏板，缓慢减速，缓慢地将车靠路边停放。

（4）及时开启危险警示灯并放置警示标志，避免后车碰撞。

（5）不可莽撞猛转转向盘改变行车方向。

（6）切勿猛踩制动踏板，否则可能导致汽车失去重心而失控或翻车。通常爆胎时，人们会下意识猛踩制动踏板，往往造成事故的发生，因此，避免轮胎爆胎重在预防。

第6节 车辆陷入泥坑

车辆陷入泥坑如图3-5所示。

如果不慎前车轮陷入泥坑，则需要用小铲子铲开泥坑的边缘，或者使用自备极端泥泞路面垫胎用的铁丝网铺设，“修造”出一个小小的坡路，然后缓缓

图 3-5　车辆陷入泥坑

踩加速踏板通过，此时急加速导致的结果只能是泥坑越来越深。如果坑比较深，而己车的接近角和离去角又很小的情况下，也可以利用路边的平整石块、树枝或者蒿草类植物加垫，还是不行的话，也可以将自己的衣服塞进泥坑。如果车上有同伴，可以让其协助推车，但需注意不要让人站在两只后轮的后方推车，以防止被车轮带出的泥块和石头击伤。

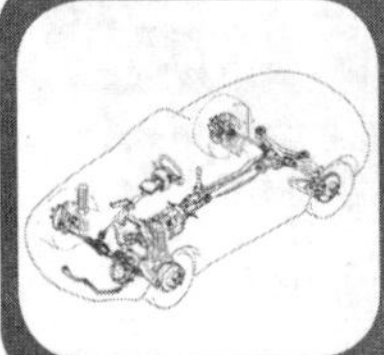

第 7 节 遇到抢劫车辆、“碰瓷”

1 遇到抢劫车辆

由于劫车案件是犯罪人同受害者直接接触，因此，驾驶员一旦遇劫，首先要树立敢于同罪犯进行斗争的精神，其次要机智冷静，要充分利用各种有利条件同犯罪分子周旋。劫车罪犯的目的是抢劫车辆，一般情况下不会对驾驶员人身进行伤害，而是威胁驾车人按照他们指定的路线行驶。因此驾驶员要利用这段时间和路面的情况做出相应的判断和处置。首先是要发出警报和求救信号，如车内无报警装置则可利用前照灯、喇叭等现有设备进行报警；其次要利用地形和路面具体情况制止犯罪。可利用熟悉的地形将犯罪分子引向人群密集地区或有公安人员执勤的地点（如图 3-6 所

图 3-6　引向有公安人员执勤的地点

示），突然制动后打开车门寻求保护。可人为制造故障，使车辆无法正常行驶或将车撞到路边建筑，致使车辆损坏。这需要驾驶员根据具体情况做出正确的分析判断。

2 “碰瓷”

“碰瓷”如图 3-7 所示。

“碰瓷”是常见的一种诈骗伎俩。有些人将“碰瓷”用到制造车祸上，以此敲诈汽车驾驶员。制造车祸的“碰瓷”通常有以下特点。

图 3-7 “碰瓷”

（1）一般有三人以上结伙作案，事先有分工，通常由一人假扮被车撞或挂倒，不久将会出现一个以亲戚或同事身份的人与驾驶员论理，并且态度强硬，再接着另一同伙冒充第三者帮腔。

（2）一般针对外地车辆，并大多选中轿车为“碰瓷”的对象，因外地车辆人生地疏，驾驶员常孤立无援，想早点了结完事。

（3）这些人一般不愿报警，尽管态度蛮横，但很快就提出要与驾驶员私了。

（4）“碰瓷”地点一般选在非繁华但又有行人横穿道路的地方，而这些地方通常没有交警值班。

汽车驾驶员，特别是轿车驾驶员，当一个人驾车在异地突然发生撞到人或挂到人的事故时，应冷静分析一下，回顾车祸发生时的情景，是否确是自己疏忽而造成事故。如果分析认为对于车祸的发生自己无过错，是行人故意撞或挂上自己车时，就要考虑是否属于“碰瓷”行为，特别是当自己的车身无明显撞击痕迹，若是车后轮或后车身发生撞、挂时更应警惕。此时不管周围人怎么讲，应坚持要将被撞或挂者送医院检查，同时报交警来处理事故。禁忌担心怕麻烦、私自了结，这样不但自己会有财物损失，还会滋长敲诈者的气焰。

第8节 涉水

1 城市道路中涉水驾驶

城市道路中涉水驾驶如图 3-8 所示。

图 3-8 城市道路中涉水驾驶

在城市中驾驶车辆遇到的特殊情况较多为涉水驾驶。在车辆进入水中之前，一定要注意观察水的深度和覆盖面的大小，其他车辆行驶情况等。特别是要掌握下列要点。

1 车辆的状况

车辆涉水应在发动机运转正常、转向和制动机构灵活可靠的情况下进行。尤其是发动机的低转速时的动力一定要有保证，应将车辆开到水边，打开发动机罩进行仔细检查。所有的电器连线要保证密封，不要被水浸湿。若轮胎和制动鼓温度较高，应稍休息一会待其适当冷却后再下水。

2 弄清周围情况

检查水的深度是十分关键的，千万不可盲目涉水。先看一看水中是否正有车辆通过，如果前面的车辆能顺利地通过积水路段，说明水的深度是允许车辆通过的，如果有车辆停在水中一定要小心，要弄清是由于水太深，还是由于驾驶员驾驶技术造成车辆的抛锚。另外，水的深度如果超过车辆排气管的高度最好不要涉水；如果水的深度与排气管的高度齐平或低于排气管的高度，可以涉水行驶。

3 涉水驾驶

涉水时，应挂低速挡使车辆从水边平稳地驶入水中，以免水花溅起。在行驶中要保持发动机有足够的动力，避免中途停车、换挡和急转向。眼睛要看准固定目标，不可注视流水，以免扰乱视觉，使方向失误。

4 注意涉水距离

多车涉水时，不要离前车很近下水，应待前车开出一段安全距离后，后车才能下水，防止前车因故停车，迫使后车也停在水中。这样不仅己车有进水的危险，也会造成水中堵车的困难局面。

5 车辆涉水后应注意的问题

车辆涉水后，应驶离水边，选择空阔地点停车，擦干电器的受潮部分，注意清除散热器及车身上的漂流物、轮胎间的嵌石以及底盘上的水草杂物等。起动发动机，让发动机升到正常温度，烘干发动机的潮气和水珠。检查后，确认汽车技术状况完好，再低速行驶一段路程，并轻踏几次制动踏板，让制动蹄片与制动鼓发生摩擦，使附着的水分受热蒸发，待制动效能恢复后，再转入正常行驶。

如果只是偶尔通过浅水，可能会在下一次换油维护时才会检查。除非驾驶员自己知道怎么检查，否则就需要到4S店那里让有经验的机械师进行检查。此外也可到附近有换油设备的地方将传动系统的润滑油都排出来并换新油。

再强调一次，在海滩的浪花中行驶后，应尽快将车彻底清洗干净。否则咸水将迅速腐蚀车身金属与发动机零件。用水管冲洗整个汽车的底部及车身金属与发动机零件，要完全洗掉残留的咸水。别忘了也要将沙冲洗掉，因为带有咸水的湿沙也会很快将车腐蚀。

2 乡村漫水桥

通过漫水桥如图 3-9 所示。

图 3-9　通过漫水桥

（1）开车入水前，必须探明水深、路宽、水的流速，确认是否具备通过的条件。

（2）当确认可以通过时，应对车辆采取必要的防护，对电气系统采取必要的防水处理，并设法抬高排气管出口等。

（3）在条件允许时，应在水中设置引导车辆通过的标杆。

（4）通过漫水桥时，应低速按固定路线匀速通过。

（5）行车途中，尽量避免停车、变速和急剧转向。

（6）在汛期过漫水桥时，应随时注意水情预报。如果水流过急过深，绝对不可冒险通过。

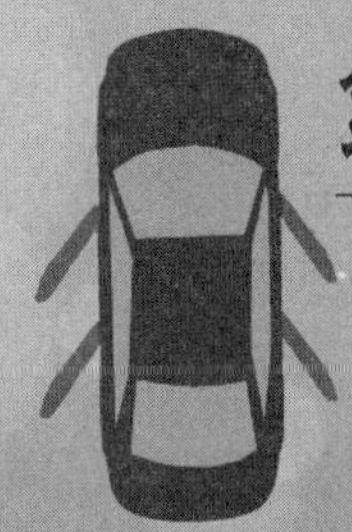

第4章 节能驾驶经验

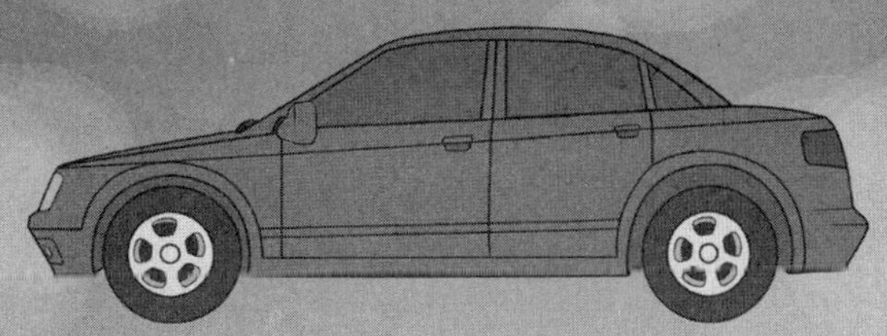

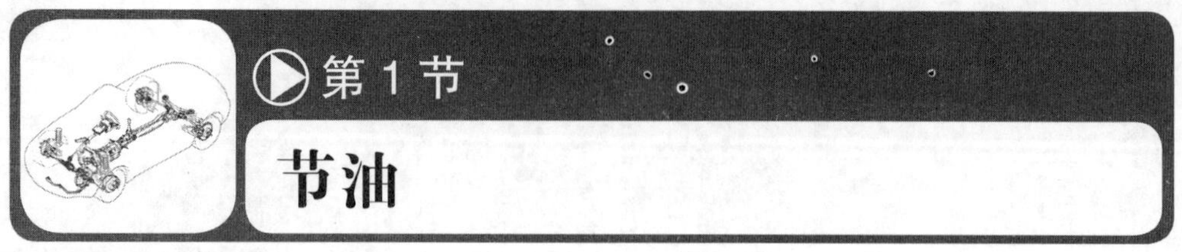

第1节 节油

1 汽油

1 汽油的使用性能指标

汽油的使用性能指标，主要包括蒸发性、抗爆性、安定性、防腐性、清洁性。

（1）汽油的蒸发性主要是指汽油在一定温度下由液态转变成气态的能力。

（2）汽油的抗爆性是指汽油在发动机汽缸中燃烧时，避免产生爆震的能力，即抗自燃能力。汽油抗爆性的好坏程度一般用辛烷值表示，辛烷值越高，抗爆性越好。

（3）汽油的安定性是指汽油在正常的储存和使用条件下，保持其性质不发生永久变化的能力。

（4）汽油的防腐性是指汽油阻止其接触的金属被腐蚀的能力。

（5）汽油的清洁性是指汽油中是否含机械杂质和水分。

2 汽油的牌号

汽油一般按其抗爆性指标——辛烷值划分牌号。辛烷值有两种测定方法：一种是表示汽车在接近长途公路上行驶或大功率重载下工作时汽油的抗爆性，称为马达法辛烷值（MON）；另一种是表示汽车在接近城市道路上行驶时汽油的抗爆性，称为研究法辛烷值（RON）。目前我国汽油规格按研究法辛烷值标准分为车用汽油和无铅车用汽油两种规格，每种规格又分不同牌号：

（1）车用汽油（GB 484—1993）按研究法辛烷值（RON）分90、93、97号三个牌号；分别相当于马达法辛烷值80、85、87左右。

（2）无铅车用汽油（GB 17930—2013）按研究法辛烷值分90、93、95号三个牌号。过去按马达法辛烷值（MON）划分的66、75、80、85号牌号取消，

70 号牌号暂予保留。

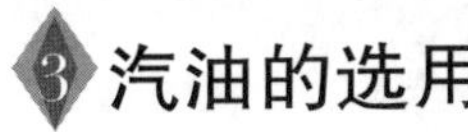

3 汽油的选用

汽油的选用，主要根据发动机的压缩比。压缩比较高的发动机，应使用辛烷值高的，即牌号高的汽油。若压缩比较高的发动机使用低牌号的汽油，则易引起爆震；反之，则造成浪费。现代汽车汽油选用多用发动机压缩比来作为选用汽油标号的标准，多数汽车选用 93 号和 97 号汽油。

2 柴油

1 柴油的性能指标

柴油的使用性能指标主要是发火性、蒸发性、黏度和凝点。

（1）发火性是指柴油的自燃能力。发火性好的柴油备燃期短，可使柴油机工作柔和，且可在较低的温度下发火，有利于起动。柴油的发火性用“十六烷值”表示，十六烷值越高，发火性越好。十六烷值高的柴油燃烧性好，但也不能过高。故通常汽车用柴油的十六烷值应在 40～50 范围内。

（2）蒸发性是由柴油的蒸馏试验确定的。不同燃烧室结构对柴油蒸发性要求不同，在采用预燃室式或涡流室式的柴油机中，可采用重馏分柴油，而直接喷射式燃烧室的柴油机则要求用轻馏分柴油。

（3）黏度决定柴油的流动性。

（4）凝点是柴油冷却到开始失去流动性的温度。柴油的凝点应比最低工作温度低 3～5℃。

2 柴油牌号

柴油按其所含重馏分的多少分为重柴油和轻柴油两类。重柴油多用于 1000r/min 以下的中、低速柴油机，轻柴油多用于 1000r/min 以上的高速柴油机。汽车用柴油机都是高速柴油机，必须用轻柴油。根据凝点分为 10 号、0 号、－10 号、－20 号、－35 号和－50 号六个牌号。

③ 柴油的选用

选用柴油时，应根据不同地区和季节，选用不同牌号的柴油。

10 号柴油适合在有预热设备的高速柴油机上使用，0 号柴油适合在 5℃以上时使用；－10 号柴油适合在－5～5℃时使用；－20 号柴油适合在－5～14℃时使用；－35 号柴油适合在－14～－29℃时使用，－50 号柴油适合在－29～40℃时使用。

不同牌号的柴油，可以掺兑使用，并可根据气温条件适当调配，以充分利用资源。例如某地区最低气温－13℃，不宜使用－10 号柴油，这时可以将－10 号柴油与－20 号柴油按适当比例掺兑使用。但需要注意，掺兑后的凝点不是算术平均值，即为－10 号与－20 号的两种柴油各半掺兑，其凝点也不是－15℃，而是高于－15℃，为－3～－14℃。

3 节油

汽车驾驶员的技术水平和驾驶经验与节油的关系很大。正确的驾驶操作可以明显地降低油耗。据测试，由于驾驶员操作水平的高低所引起的油耗可相差 7%～15%，对于刚学会开车的驾驶员相差竟可达 20%～40%，就是同一个驾驶员驾驶同一辆汽车，只要在原来驾驶技术的基础上，稍加改进自己操作不合理的部分，就能立见 10%的节油效果。因此提高驾驶技术，改进操作方法，是最基本的切实可行的节油途径。

（1）驾驶节油是通过驾驶员采用正确的操作方法、先进的节油技巧和合理的节油措施来实现的。相反，不正确的驾驶操作不仅节不了油，而且会影响汽车的使用寿命。对于节油，汽车的驾驶操作有七不要。

①一不要见空就钻。在日常行车中，尤其是在交通不畅、等红灯、变换车道时，常见到这种现象：相邻车道刚有点儿空当，就将车突然加速挤过去，刚过去就不得不踩制动踏板，之后一会儿，这边车道出现空当，一踩加速踏板又挤回来。在极短的一段距离内，急加速、急停车 4～5 次之多，这样就会增加耗油量。

②二不要驾驶时采取措施不当。经常不必要地频繁地使用制动，自然就会使油耗大大增加。制动操作是否正确和适当，是行车安全的重要条件，也是汽

车节油和减少轮胎磨损的重要环节。常用的汽车制动方法有预见性制动和紧急制动两种。所谓预见性制动，就是汽车在行驶中，驾驶员对已经发现的行人、道路和交通情况的变化，预计可能出现的复杂情况，提前做好思想上和技术上的准备，有目的地采取减速和停车措施，利用发动机的牵阻制动减速，或将变速杆置于空挡，充分利用汽车的滑行，以滑行代替制动，使汽车自然减速。这样操作既能保证行车安全，又不会过多消耗油料。如果汽车在行驶中，驾驶员反应慢，预见性差，经常使用制动，油耗会显著增加，制动次数越多，耗油亦越多。尤其是紧急制动一次则耗油 50～60mL。因此，在安全行车的前提下，尽量少用或不用制动，可以达到节油、节胎的目的。然而汽车在行驶中，并非事事都能预料。对一些突发情况，驾驶员应迅速、正确地采取制动，将车迅速停住，达到避免事故的目的。尽管紧急制动对节油、零部件磨损和轮胎磨损都是有害的，但一旦发生险情，也不得不采用。所以这就要求驾驶员做到“眼观六路，耳听八方”，防患于未然，有正确的预见性。只有这样，才能做到少用或不用紧急制动，从而达到节油的目的。

③三不要不必要的高速行驶。任何一款汽车都有经济时速，以这个速度行驶时是最省油的，低于或高于这个速度行驶，油耗就会上升，而在超过一定的速度后，油耗还会大幅度上升。如某款轿车在速度为 70km/h 时，100km 油耗为 6.47L；而速度达到 120km/h 时，100km 油耗则上升到 8.46L；如果达到其最高速度 200km/h 时，100km 油耗还会大幅度上升。

④四不要严寒冬季不预热强行起动。冬季气温低，特别是我国北方地区，可达 -20～-30℃。低温造成发动机起动困难，燃料消耗增多，磨损加剧。这是因为温度低时汽油汽化不完全，难以形成足够浓度的混合气，造成起动困难，而且没有汽化的油粒进入燃烧室，使燃烧不完全，增加了燃料的消耗，同时，油粒附在缸壁上，破坏润滑油膜，流入曲轴箱，稀释了润滑油，都会增加发动机的磨损。例如在 5℃时冷起动一次发动机，汽缸的磨损量相当于汽车行驶 30km 的磨损量，而短途行驶，汽车发动机的磨损有 50% 是发生在起动过程中。

⑤五不要反复强行起动。起动前要做好一切准备工作，争取一次起动成功，尽量缩短起动次数、起动时间，减少发动机空转时间。起动次数的多少、起动时间的长短，对油耗有着明显的影响。经试验，发动机正常起动一次所需要的油料，可供本车行驶 200～500m，这里指的是温度正常情况下的常规起动，不

包括带故障起动和在严寒条件下不预热起动。而严寒条件下的多次反复起动和有油电路故障时反复起动，所消耗的油料是正常起动的几倍甚至几十倍。

为了减少起动次数，缩短起动时间，达到迅速起动减少油耗和磨损的目的，驾驶员要注意以下几点：

a. 保证发动机技术状况良好，避免发动机带故障起动。

b. 掌握本车的起动规律，避免造成多次起动而增加油耗。

c. 一旦发动机两次起动不着，应及时查明原因，不可一次次地强行起动，以免大量地消耗油料。

d. 用起动机起动时，要保证蓄电池电力充足，起动机运转有力并离合正常。

⑥六不要汽车起步后采用冲击式急加速起步。汽车起步后的加速方式是缓步加速，还是冲击式急加速，油料的消耗大不一样。汽车行驶同样距离，采用缓步加速虽比急加速所耗时间长一些，但却可节油。在城市行车或遇有堵车情况时，由于起步次数多，节油效果更为明显。同时，驾驶员必须根据地形和汽车的负荷情况，正确地选择挡位，很好地运用驾驶操纵装置，注意离合器踏板和加速踏板的密切配合，使汽车平稳起步，而无冲动、振抖、硬拖、熄火等现象，这样就能取得更好的节油效果。

⑦七不要拖挡行驶。汽车行驶时，当行驶阻力大于牵引力时，如不及时减挡，发动机将逼迫减速至不稳定工作状态而引起“拖挡”。拖挡不仅费油，而且会加剧发动机的不正常磨损。因此，在操作上需根据路况、车速及时换挡，以防拖挡。但也应防止有些驾驶员为了减少换挡次数，怕麻烦、就采用低速挡低速行驶，这样也不利于节油。挡位越低，汽车驱动轮的转速越低，获得的转矩和牵引力越大。但由于车速慢，发动机转速高，功率利用率低，油耗却会增加。所以，汽车用低速挡行驶的时间应尽量缩短。汽车挂高速挡时，输出的转矩和牵引力小，但行驶速度快，发动机在经济转速下运转，可以节油。

（2）汽车节油驾驶应做到两要。

①要“脚轻”。“脚轻”是指脚踩加速踏板要轻缓，做到“轻踏缓抬”。汽车起步和换挡时，离合器踏板和加速踏板的配合，对油耗也有很大的影响。如果离合器还未接合，就猛踩加速踏板，发动机便会高速旋转，浪费燃料；如果离合器已接合，而还未踩下加速踏板，发动机会熄火，或因汽车惯性推动力而使发动机被迫运转，等于发动机制动，不仅增加油耗，还因离合器与加速踏

板的配合不当而加速离合器磨损。

②要“手快”。“手快”指换挡要快而稳。换挡是否及时、平衡、准确、迅速，直接影响到燃料消耗和零部件的使用寿命。若是在山区或坡道上行驶，由于贻误换挡时机，汽车前进惯性力会很快消失，再加上汽车重力分力的影响，汽车将会停住，甚至倒溜，此时就不得不重新起步，从而增加燃料消耗。

（3）冬季节油四注意。由于北方冬季气温很低，致使润滑油黏度变大，混合气雾化质量变劣，蓄电池供电量不足，进而造成零部件运转阻力增大，发动机起动困难，油耗增加。为降低油耗，除应按要求使用寒冷地区用的润滑油及挥发性较好的汽油外，根据实践检验，还可采用以下办法尽量节油。

①注意严格控制蓄电池电解液密度。在确保电解液不冻结的条件下，密度应低一些，以免影响放电。在室外停放的车辆，必要时应将蓄电池卸下放在室内。

②注意发动机起动后要适当延长暖机时间。冷却液温度达40℃以上时方可起步，而且要慢行一段路程，否则会增加燃油消耗。

③注意冬季起动后不可猛踩加速踏板。起动后猛踩加速踏板有两方面的危害：一是增加燃油消耗，特别是拉阻风门猛踩加速踏板，耗油尤为严重。二是由于刚起动后，机油还没有在各个润滑件表面形成油膜，高速转动曲轴时，对发动机磨损很大。

④注意坚持对发动机预热起动。

（4）炎热地区维护节油四注意。在炎热地区或夏季，气温升高，为了减少燃油消耗，汽车维护时应防止以下几点：

①防混合气过浓。由于气温高，汽油容易流动，又因量孔膨胀，使汽油流量增加，且汽油容易挥发，导致混合气过浓。

②防气阻。炎热地区的夏季，汽油机燃料系统容易因温度升高而发生“气阻”现象，致使油路供油不足甚至中断供油。为防止“气阻”，可用石棉垫将汽油泵与排气管隔开，或用湿布将汽油泵包住降温。

③防蒸发。高温下，油及水的蒸发都将增加，加油口盖要盖严，油管要防止渗油；经常检查散热器的水位，曲轴箱的机油油面、高度，制动主缸内的制动液液面高度及蓄电池内电解液密度和液面高度等。不合规定时，要及时添加和调整。

④防过热。为防止发动机产生过热现象，维护时，应注意风扇传动带不能

沾油，以防打滑，传动带紧度要适当。行驶途中适时休息，休息时尽量选择阴凉处，并打开发动机罩通风散热。当轮胎气压因过热而增大时，应停车降温，不得用放气或泼冷水的方法来降低轮胎气压和温度。

（5）高原维护节油五注意。高原地区空气稀薄，大气压力低。因此，经常行驶在高原的汽车在维护时要注意以下五方面，就可达到节油的目的。

①高原气压低，供油量不变，则混合气变浓，燃烧不完全，耗油增加，因此，应适当降低浮子室液面高度并调整油针，以减少供油量。

②汽油发动机在高原工作，因进气压力低，汽缸压力也随之下降，不易爆震，可以增大点火提前角，以提高功率，减少油耗。一般海拔每升高 1000m，可提前 2°～3°。

③为了提高燃烧速度，使燃油充分燃烧，减少积炭生成，火花塞间隙可以比原规定数据增加，车况好的可增加 0.5mm 左右。

④高原气压低，水的沸点降低。同时因坡道陡而长，所以，汽车在上坡时，用低速挡工作，因负荷大易产生过热现象，而下长坡时，则容易产生过度的冷却，甚至使散热结冰。

上述情况都会增加燃油消耗。因此，要特别注意保持冷却液的正常工作温度，及时利用百叶窗和保温套进行调节。

⑤高原行车，上下坡多，怠速工作时间较长，为了节省燃油，在维护时要很好地调整怠速，防止怠速过高，增加油耗。

需要注意的是上述内容仅适用于使用化油器的车型，对于电喷车型，有些内容是不允许随意调整的，有些内容是可以自动进行调整的。

（6）在戈壁沙漠行驶的汽车维护节油五防。戈壁、沙漠地区具有昼夜温差大、暴风多、风沙大、水源少、道路差等特点，所以在行驶和维护上应做到：

①防止滤清器过脏。由于空气中灰尘多，容易进入摩擦表面，故应适当缩短维护周期，加强清洁维护工作，特别是要注意空气滤清器、机油滤清器、燃油滤清器的清洁维护工作。

②防风。要事先做好防风准备，装载物资不要过高，篷布捆绑牢固，必要时卸下篷布，以减少空气阻力，遇到大风时应立即停车躲避。

③防冻。由于昼夜温差大，白天行驶要有降温措施，但夜晚要防冻，行驶前要做好准备工作。

④防陷车。沙漠地带应组织人员勘察道路，谨慎驾驶。如陷入沙窝，应使用事先准备好的木板垫上驶出。通过较长松软道路时，如有必要，可降低轮胎气压，一般降低标准气压的20%～30%，以增大附着力，待通过后应及时补气。

⑤防缺水。沙漠地区水源稀少，应事先备足用水，包括蒸馏水。行车途中如遇水源要及时补足。

第2节 节胎

汽车轮胎如图4-1所示。

1 节胎五要

（1）一要限制行车速度。车辆经常处于高速行驶，轮胎温度升高过快，致使橡胶老化加速和帘线层的耐疲劳强度降低，轮胎因而早期损坏或爆破。

（2）二要根据道路情况行车。路面的种类及状况对轮胎使用寿命的影响很大，驾驶员应根据道路条件选择路面，掌握适当的行车速度，对增加轮胎的行驶里程具有积极作用。

图4-1 汽车轮胎

（3）三要掌握轮胎的温度变化。炎热天气行车应注意控制轮胎的使用温度，除应适当降低车速外，有条件的情况下可在早晚气温较低时行车，或车辆行驶一定距离后停车休息，防止胎温过高，严禁采用放气降压的做法。

（4）四要经常检查轮胎的外观和磨损程度，仔细察看有没有断线、鼓包引起的裂缝，轮胎侧面的磨损标记是否露出，如果有上述现象，必须立即更换轮胎。另外，还要及时清除轮胎花纹中的异物。

（5）五要采用正确驾驶方法。如汽车起步不可过猛，尽量保持直线前进，适当控制车速等。

2 轮胎使用四忌

同样牌号的轮胎，不同的人使用，磨损情况可能会有很大差别，要爱护好轮胎，提高轮胎的行驶里程，轮胎使用有十五忌。

（1）一忌轮胎气压不正常。轮胎气压过高过低均对轮胎的磨损和损害有影响，特别是气压过低影响更大。夏季行车时应注意检查胎温和胎压。夏季气温高，当汽车行驶时，轮胎的气压和气温也会相应升高。夏季轮胎充气时，气压要防止过高，行驶中要注意检查胎温和胎压，胎温胎压过高时严禁用浇冷水、放气的方法来降温降压，应将汽车置于阴凉处自然降温，或安装汽车制动鼓自动淋水器。

（2）二忌制动过频。汽车在行驶中频繁加速、减速，会加快轮胎的磨损，紧急制动对轮胎的磨损更大。在混凝土路面上，紧急制动过后，会在地面上留下一条黑色的拖痕，这就是从轮胎上磨损下来的橡胶。即使是带 ABS 的汽车，紧急制动对轮胎也是有很大伤害的。在转弯、下坡、通过交叉路和情况比较复杂的路段时，要减速慢行，以避免紧急制动，防止轮胎不应有的磨损。

（3）三忌无故急转弯。急转弯时，在离心力的作用下内侧的车轮会抬起，负荷减小，外侧的车轮负荷增加，造成瞬间超载。

（4）四忌起步过猛。汽车起步过猛，轮胎会由静止突然转动，引起轮胎打滑，与地面剧烈摩擦，将加速轮胎的磨损。特别是在寒冷地区，由于气温低，轮胎的物理、力学性能将会下降。如果在冰雪路面停驶一段时间，轮胎接地部分可能被冻结，在起步时应特别小心，以防胎面被撕裂或造成胎面与胎体脱层。

（5）五忌加速过急。在轿车运行过程中，急加速会引起轮胎急剧变形，轮胎内部温度升高，轮胎有爆裂的危险。车速过高对轮胎也有同样的危害。有句俗语说得好：“中速行驶好处多，安全节油又省车”。

（6）六忌上坡时猛冲。上坡时要及时换挡，尽量避免中途停车起步，防止轮胎滑转。下坡时，应挂低挡缓行，不可在下陡坡车速快时采取紧急制动的操作方法，否则会危及行车安全和加速轮胎磨损。

（7）七忌超载、偏载。超载、偏载都会造成轮胎的负荷过重，加速磨损。

（8）八忌选配不当。同一辆汽车，至少是同轴上，要选用规格、尺寸、花纹、帘布材料、层级相同的轮胎。

（9）九忌不及时进行轮胎换位。通常在汽车二级维护时或发现轮胎磨损异常时，需进行轮胎换位。

（10）十忌前轮前束值不正确。前轮前束属于前轮定位的项目，若前轮的前束值没调好，既增加行驶阻力，多费油料，而且还造成轮胎的严重磨损。

（11）十一忌轮鼓轴承紧度不合适。轮鼓轴承紧，则行驶阻力大、费油；轴承紧度松，则轮胎行驶时偏摆，造成轮胎不正常磨损。

（12）十二忌保管不善。主要是防止日光长期照射，防高温火烤，防恒压变形，防酸、碱、盐类化工产品对轮胎的腐蚀，防油渍侵蚀。

（13）十三忌不及时更换。除了需例行检查轮胎压力、强度、螺母的松紧度外，还要在停车休息时察看轮胎花纹中是否夹石子、是否扎铁钉，双轮胎间是否夹砖块，一旦发现要及时清除。发现轮胎被扎、被划破，要及时换用备胎，防止裂口扩大，给修补造成困难。

（14）十四忌不及时翻新。在轮胎花纹即将磨平时要及时送厂翻新，并争取多次翻新使用，以提高轮胎的使用寿命。应避免轮胎一用到底，失去了翻新的时机。

（15）十五忌不及时拆掉防滑链。在泥泞路、冰雪路段行车，若装有防滑链，在通过难行路段后，要及时拆下，以防止链条对轮胎的损害。

3 驾驶员节胎五注意

（1）一注意爆胎。爆胎的原因很多，如轮胎的质量问题、轮胎安装不当、轮胎的气压过高或过低、车辆超载或装载不平衡、车速太高、驾驶方法不当及轮胎的温度太高等。针对这些原因，采取相应的预防措施，就可有效防止爆胎。

（2）二注意缺气碾胎。轮胎气压是否标准是节胎的重要因素。上车前、行车途中、收车后应及时检查轮胎气压及产生缺气的原因，并予以排除，以防因缺气碾胎。

（3）三注意铁钉及尖锐杂物损伤轮胎。汽车出入工厂、工地、施工路段，应防止螺栓、铁钉、尖石及杂物扎伤轮胎。开车时应选择路面，尽量避让，待通过后应停车检查。

（4）四注意油、酸、碱侵蚀轮胎。油污（汽油、机油、润滑脂等）以及含酸性或碱性的化学物质，能引起橡胶的化学变化，使橡胶发黏膨胀，降低橡胶的韧性、弹性和耐磨性，应尽量避免轮胎与上述物质接触。

（5）五注意零部件损伤轮胎。汽车底盘发生故障或调整校修不当，都会使轮胎造成不正常的磨耗和损伤。

4 维护注意事项

在保管和使用中，由于自然条件和某些人为因素的影响，轮胎会发生橡胶老化、膨胀，胎体永久变形，帘线霉烂变质、过早磨损等现象，使轮胎的性能和质量变坏，大大降低了使用寿命。因此必须经常维护轮胎，在维护时注意六防：

（1）一防轮胎老化。轮胎的主要原料是橡胶，橡胶有一个致命弱点就是易发生老化。橡胶老化的原因主要有两方面，一是内因，二是外因。内因是橡胶自身的透气性，橡胶自身的含氧原料以及化学成分（不饱和碳氢化合物）都易与氧气发生反应而氧化；外因是受光线、高温、机械应力等因素造成。如果接触油类物质，轮胎就会膨胀变质。所以在维护作业时，应避免油类接触轮胎，更不能在轮胎上抹黄油，停车时要注意轮胎下面是否有废油。

（2）二防轮胎突爆造成翻车、掉沟。在行车中如感到车辆突然乏力或有烧焦的气味，应立即下车检查，防止轮胎突爆造成翻车事故。

（3）三防轮胎被冻。冬季停车时，应选择路面无积水的地方，防止轮胎被冻住。

（4）四防链条损伤。在使用过防滑链后，要及时将防滑链拆下，因为防滑铁链对轮胎的磨损是相当严重的。

（5）五防恒压变形。车辆长期停驶或车辆载重停放超过三天，应将车桥垫起，使车轮悬空，卸去轮胎负荷。

（6）六防日光暴晒。在高温季节，应将车停在阴凉处，防止车辆被晒、轮胎提前老化。

5 节胎选择道路八注意

汽车在各种道路条件下行驶都会给轮胎带来磨损，但不同的路面对轮胎的磨损程度大不相同。因此在选择道路时，应注意下列问题：

（1）行驶中应控制车速并在良好路面上行驶，尽量保持直线行驶，防止左右摇摆和急剧转弯，注意避开路面上的尖锐障碍物和洼坑，避免轮胎和轮辋之间受到横向的切割力而损伤轮胎。在拱形路面上行驶时，应当尽量使汽车在路中心直线行驶，避免偏磨。

（2）汽车过渡上船时，应防止跳板啃伤轮胎，下船时应防止溜滑。

（3）会车或靠边行车时应减速，并注意观察路旁的电线杆、树木、阶石或其他尖锐障碍物，防止轮胎擦伤。

（4）在凹凸不平的路面行车时，应选择较平路面，减速缓行，以减轻轮胎与地面的碰击，防止单胎超载，引起轮胎损伤或爆破。

（5）在公路维修施工地段行车时，应低速缓行通过，不可高速猛冲，避免轮胎被刺伤或划破。

（6）通过泥泞便道地段时，应预先观察，选择较坚实、滑溜量小的地方通过。当车轮打滑时，不要猛踩加速踏板，企图冲过去，而应挖低路面或顶起打滑车轮，垫上石块、木板或树枝等，再缓缓驶出。否则，会因轮胎高速滑转产生高热，造成胎面及胎侧严重割伤、划伤，甚至剥落掉块。

（7）汽车通过河沟水道时，要注意河沟深度，观察水中浪花，避免石头撞伤轮胎，通过河沟后，须停车检查后轮是否夹石。

（8）汽车进入工地或货场时，应注意观察场地设备运转情况和场地上的枕木、木料或铁器、铁钉、碎石、缆绳等障碍物；在钢铁厂，应注意热灰、热渣、热铁等；在化工厂，应注意化工原料或油脂腐蚀轮胎。待汽车驶出后，应停车检查轮胎情况，及时清除嵌入物及油污，必要时进行清洗。

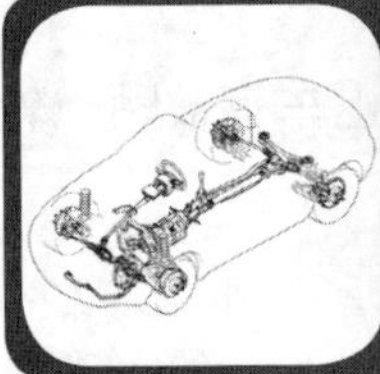

第3节

维护

1 汽车维护作业范围

1 定期维护

1）日常维护

日常维护是各级维护的基础，属于预防性维护作业，由驾驶员负责执行。其作业的中心内容是清洁、补给和安全检视。日常维护包括出车前维护、行驶途中维护、收车后维护三个环节。日常维护要求是：车容整洁，确保四清（机油、空气、燃油滤清，蓄电池清洁），防止四漏（漏油、水、电、气）；附件齐全，螺栓、螺母不松动不缺少；保持轮胎气压正常；制动可靠；转向灵活；润滑良好；灯光喇叭正常等。

（1）出车前维护。

①清洁汽车外表。

②检查门窗玻璃、刮水器、室内镜、后视镜、门锁与升降摇手柄等是否齐全有效。

③检查散热器存水量、曲轴箱内机油量、制动液量（液压制动车）、燃油箱内储油量、蓄电池内电解液量是否符合要求；散热器盖、蒸汽引出管、加油口盖、加机油口盖、蓄电池加液孔盖是否齐全。

④检查行车各种证照、牌照、喇叭、灯光是否齐全有效。

⑤检查转向机构等各连接部位是否牢固可靠。

⑥检查轮胎气压是否符合规定并清除胎纹间杂物。

⑦检查轮鼓轴承、转向节主销是否松动。

⑧检查转向盘自由转动量、离合器踏板自由行程是否正常。

⑨检查钢板弹簧U形螺栓是否紧固。

⑩起动发动机，检查有无异响及各仪表工作是否正常。

⑪检查是否漏水、漏油、漏气、漏电。

⑫检查车厢和货物装载状况是否符合装载规定。

⑬检查随车装备和工具是否齐全，并随带必需的备件和配件。

⑭润滑分电器断电臂及凸轮（断电臂轴注入几滴机油，凸轮上涂抹一薄层钙基润滑脂）。

⑮如果汽车拖带挂车，必须检查牵引装置和连接部分是否牢固可靠，安全防护设施是否齐全有效。

（2）行驶途中维护。汽车开始行驶时，检视离合器、驻车制动器、行车制动器和转向系统，转向应灵活，制动有效，各连接件无碰擦干扰。

行驶中听察发动机及底盘各部有无异响。当发动机在各种转速下，观察各仪表工作是否正常。如有下列情况之一者应立即停车检查排除故障：

①发动机或底盘有特殊声和气味。

②机油压力表读数显著降低或失效。

③制动器失灵或制动气压低于588kPa。

④转向机构失常。

⑤轮胎有明显漏气或严重破损。

（3）收车后维护。

①停车后使用驻车制动器制动，并将变速杆置于低速或倒挡内，以免发生车辆自动滑移的危险。

②对车辆及驾驶室内进行打扫、清洁、保持车容整洁。

③检查有无漏油、漏水、漏气现象。补充燃油、润滑及制动液（液压制动车）。对各润滑点进行检查，按需加注润滑脂。

④检查冷却系统的工作情况，夏季应定期放水、以免堵塞，冬季气温低于−30℃时，未加防冻液的应将水放干净。

⑤冬季气温低于−30℃时，露天放置的车辆应拆下蓄电池进行保温。

⑥检查各部连接装置的情况，螺栓、螺母若有松动应紧固，若有脱落需补齐。

⑦检查悬架总成各部状况。

⑧检查轮胎气压情况，并清除胎纹间杂物。

⑨将气制动气筒内的气体和油污放净并关好开关。

⑩收车后应向车辆主管人员报告车辆在途中以及收车后经检查发现的故障和情况。

2）一级维护

一级维护维护周期在1500～3000km范围内。一级维护由专业维修工负责进行，其作业中心内容除执行日常维护作业外，以清洁、润滑、紧固为主，并检查有关制动、操作等安全部件。一级维护的作业项目，可按国家标准《汽车维护、检测、诊断技术规范》（GB/T 18344—2001）中确定的一级维护作业项目及技术要求进行。

3）二级维护

二级维护必须遵照交通管理部门的规定，按一定的行程里程（10000～15000km）和时间间隔（3个月）强制执行。

二级维护由具有二级维护资质的维护企业的专业维修工负责执行。其作业中心内容除执行一级维护作业外，以检查、调整为主，并拆检轮胎，进行轮胎换位。

按照国家标准《汽车维护、检测、诊断技术规范》（GB/T 18344—2001）要求，在实施汽车二级维护作业项目前必须首先对汽车进行技术检测和技术评定，依据汽车技术评定结果，确定二级维护附加作业项目，并与二级维护基本作业项目一并进行。

2 非定期维护

1）走合维护

汽车运行初期的一段里程（一般为1000～1500km）称为走合期，在这段时间对汽车进行的维护称为走合维护。走合维护包括走合前的维护、走合中的维护、走合后的维护三个阶段。

（1）走合前的维护。走合前的维护是为了防止汽车在走合期内出现事故和损伤，以便能顺利地完成走合而进行的维护。

（2）走合中的维护。走合中的维护是为了防止汽车发生早期损坏甚至影响走合期的顺利完成而进行的维护。

（3）走合后的维护。走合期满后，进行一次维护作业，及时消除在走合期期间发生的故障隐患，按照技术文件规定进行调整，适应运行需求，延长汽车的使用寿命，其作业项目和深度应参照制造厂的要求进行。

2）季节维护

在夏季和冬季转换期，结合汽车定期维护作业，另外附加一些相应的作业项目而进行维护，称为季节维护，具体作业内容围绕冷却系统、润滑系统、燃料系统和电气装置为适应气候转换而进行必要的检查、调整。

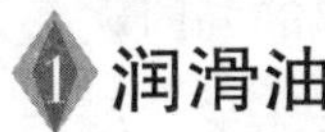

2 相关材料介绍

1 润滑油

润滑油如图 4-2 所示。

1）发动机润滑油简介

（1）发动机润滑油作用。关于发动机润滑油的作用，相信只要对于机械知识有些许了解的人都知道，那就是润滑。这只说对了发动机润滑油的作用其中之一，其实发动机润滑油的作用远不止润滑那么简单。

图 4-2　润滑油

当然，润滑是发动机润滑油最主要的一个作用。在发动机工作过程中，发动机润滑油会通过机油泵输送到发动机内部，对于发动机的活塞等部件进行润滑，减小摩擦产生的阻力。

除此之外，发动机润滑油还能够帮助发动机降温，起到冷却的作用。虽然发动机冷却的工作主要由冷却系统完成，但是发动机润滑油作为发动机内部流动的液体的一种，也会协助冷却系统起到一部分散热的作用。

另外，发动机润滑油还能帮助发动机进行密封。发动机是由一个个金属零部件组装起来，即使公差控制得再小，也难免会产生缝隙，而这种微小的缝隙也很难通过如活塞环这样的密封件填补，而发动机润滑油作为流动的油性液体，恰恰能够填补这样的缝隙，帮助发动机密封，让发动机工作更顺畅。

（2）全合成、半合成、矿物油的区别。很多驾驶员在更换发动机润滑油的时候，都会被问是选择全合成润滑油，半合成润滑油，还是矿物润滑油，而这三种发动机润滑油之间的区别如下。

所谓全合成润滑油，其英文为 Fully synthetic，它是由人工利用化学方式合成的发动机润滑油。这种发动机润滑油在生产过程中，根据使用目的的不同，会使用不同物质的配方。它在润滑性、清洁性以及修复性方面都有着不错的表现，并且其换油周期更长，对于环境的适应性也更强，但价格也比较贵。

矿物油以石油提炼的矿物油为基础，添加了部分添加剂而成，其功效已经完全能够满足发动机的日常工作的需要，同时价格也更低廉，但是这种油品更多作用是润滑，对于发动机的清洁性及修复性方面，自然就会差一些，而且其使用寿命要低于合成油。

严格意义上说，半合成润滑油也只能算作矿物油，其生产工艺就是在矿物油的基础上，添加了大量合成润滑油添加剂。其在保证润滑的功效的同时，在清洁、修复等功能方面也有不错的表现。最重要的是，它的价格要比全合成润滑油便宜，对于比较爱惜车辆，而手头又不是那么宽裕的人来说，这种油是个不错的选择。

（3）发动机润滑油标号含义（如图 4-3 所示）。发动机润滑油标号中两个缩写的意义：其中位于标号前面的 SAE 表示的是美国汽车工程协会，其全称应为 Society of Automotive Engineers，表示发动机润滑油的标准黏度等级。而 API 则表示的是美国石油协会，全称为 American Petroleum Institute，表示发动机润滑油的质量等级。

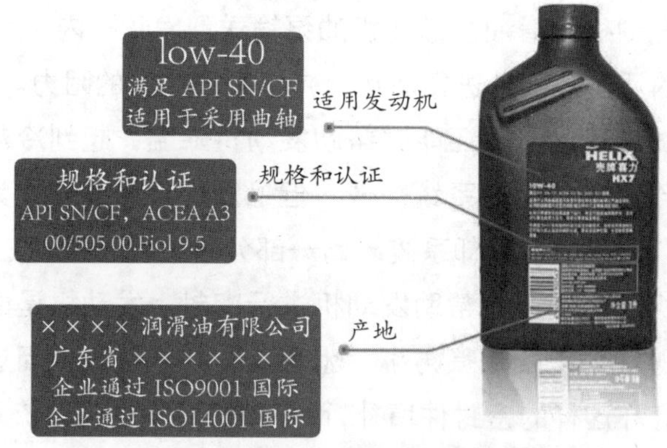

图 4-3　发动机润滑油标号的含义

目前，发动机润滑油的标准黏度等级都会用如“5W-40”这样的编号表示，其中 5 表示的是发动机润滑油的正常流动性的最低温度，W 表示的是 Winter，也就是冬季的意思。其计算方法为，W 前面的数字，减去 35，所得的结果就是其能够正常流动的最低温度，比如 5W-40 的最低温度就是- 30℃，一旦低于这个温度，发动机润滑油就会难以流动，而发动机也会难以起动。

既然前面的数据表示的是低温性能，那么后面的数据也就自然表示的是高温的性能。这个数字是指发动机润滑油在单位温度下（一般默认为 100℃）的剪切值，简单地说就是黏度，也就是说这个数字越大，其在高温下的黏度越大，而其所起到的保护作用就越好。

除了黏度指标外，API 后面的字母组合，表示的是机油的品质级别，根据 API 的分级，发动机润滑油可分为汽油机用和柴油机用，其中汽油机用润滑油一般用 S 表示，级别由 SA 到 SN，S 后面的字母越往后排，其级别越高，目前主流的机油从 SL 级到 SN 级为主。此外，柴油发动机的级别以 C 开头，规格有：API、CA、CB、CC、CD、CE、CF 等，而 S 和 C 同时存在的，则表示该机油为汽油机和柴油机通用型润滑油。

另外，在这里要特别提一下 SN 级别的发动机润滑油，SN 级别的发动机润滑油是目前市场上的最高级别发动机润滑油，它的推出更多是为了满足排放法规提升的要求，其在使用过程中，拥有更好的清洁性、高温沉积性能以及低温油泥控制等性能，不过相比之前的 SM 级别，这个级别的发动机润滑油在性能上的突破并不明显，反而更容易受到氧化侵蚀，因此驾驶员也不必过分追求高级别油品。

2）发动机润滑油的性能

发动机润滑油应具有下列使用性能：

（1）具一定的黏度和黏温特性。

（2）具有适宜的润滑性。

（3）具有一定的抗氧化安定性。

（4）具有较低的凝点。

（5）不含有引起发动机零部件腐蚀和磨损的杂质。

（6）不含机械杂质和水分。

3）发动机润滑油的规格

发动机润滑油（俗称机油）可分为汽油机润滑油、柴油机润滑油和汽油机、柴油机通用润滑油。

国外广泛采用美国石油协会（API）根据使用条件分类法和美国汽车工程师

学会（SAE）根据润滑油的黏度分类法。我国参照 API 和 SAE 分类法对润滑油进行了分类。

（1）API 分类（质量分级）。汽油机润滑油系列（S）为 SC、SD、SE、SF、SG、SH、SJ 等级别，废除了普通级汽油机润滑油（SA、SB）。

柴油机润滑油系列（C）分为 CC、CD、CD－Ⅱ、CE、CF－4 等级别，废除了普通级柴油机润滑油（CA、CB）。

还有 SD/CC、SE/CC、SF/CD 等为汽油机和柴油机通用的品种。

（2）SAE 分类（黏度分级）。冬季用润滑油：0W、5W、10W、15W、20W、25W。夏季用润滑油：20、30、40、50、60。

还有一种全气候发动机润滑油，是用低黏度的基础油加入稠化剂制成。用 SAE 等级的双重号码表示。有 5W/30、10W/30、15W/30、15W/40、20W/20、20/20W 六个级号。

我国发动机润滑油产品按质量等级和黏度等级采取统一命名，使每个特定发动机润滑油品种的牌号，都由《内燃机油分类》（GB/T 17631.3—1995）规定的质量等级代号和按《内燃机油黏度分类》（GB/T 14906—1994）所规定的黏度等级代号两部分组成。例如牌号 SC30，即表示质量等级为 SC，黏度等级为 30 的汽油机润滑油；牌号为 CC10W/30，即表示质量等级为 CC 黏度等级为 10W/30 的柴油机润滑油；牌号为 SF/CD5W/30，即表示质量等级为 SF/CD，黏度等级为 5W/30 的汽油机 / 柴油机通用润滑油。

柴油机目前使用多而广的有 CC 和 CD 两级系列润滑油。

CC 级柴油机润滑油有 5W/20、15W/t30、15W/40、30、40 五个牌号。

CD 级柴油机润滑油有 30、40 和 15W/40 三个牌号。

4）国产润滑油的选用

正确选用润滑油，能有效地保障行车安全，延长发动机使用寿命。首先看外包装，仍沿用“Q”代号的润滑油为不合格。其次看外观，质量好的润滑油颜色较深，但黑色油不能用。再次注意经济实用，有些国产润滑油质量好，价格又便宜。最后要正确选择品牌，注意选择与车型相适应的润滑油等级。

5）发动机润滑油更换方法和周期

（1）根据车辆的新旧程度适当调整（发动机状况）。新车发动机内部清洁，很少有积炭等杂质，因而换油周期可以适当延长。旧发动机，特别是缺乏维护的发动机内部积炭胶质较多，新润滑油加入后很容易被污染，引起色变和质变，因此换油周期应适当缩短。（当然有条件的话可对发动机内部进行彻底地清洗。）

同一辆车在同一路况下行驶，在不同的使用阶段，其换油行驶里程也会有所差别：一辆老旧的汽车与新车的时候相比，由于车况的下降，它的换油周期就要相对缩短一些。

对于货车而言，维护还需要根据载荷情况做适当调整。如果经常超载或满负荷使用，发动机润滑油老化的速度会明显加快，那么它的换油周期一定要缩短些。

（2）路况在很大程度上会影响到发动机润滑油的寿命。由于使用环境、条件不同，实际换油周期也会与手册的规定有所差异。路况较差的地区，应缩短发动机润滑油的换油周期。如经常行驶于交通拥挤的城市中，那里车流量较大，车速变化大，走、停频繁，低速驾驶时间长，那么相比行驶于郊区的汽车来说，发动机的换油行驶里程要相对短一些。

（3）换油周期不能忽略所用发动机润滑油的性能差别。换油期的长短别忽略了发动机润滑油的质量级别，发动机润滑油的识别有质量等级（API）和黏度等级（SAE）两种标准，质量等级一般从SC、SD直至SM级，级别越高，品质越好。现代汽车尤其是轿车多为高转速发动机，对油品的要求较高。一般来讲，SF级以上的发动机润滑油正常情况下完全能满足5000km的换油周期。

例如，车辆制造商原规定使用SF级别的发动机润滑油，在正常的车况、路况要求5000km换油的话，那么使用SL级别的产品则可保证10000km的换油周期。一般情况下，若柴油车生产厂家原推荐发动机使用满足CD级别的发动机润滑油，规定换油周期为12000km时，如果使用CH－4级别则可保证25000km的换油周期。在较为苛刻的工况下，提高用油等级后若还按原车推荐的换油周期换油，则对延长发动机的寿命更为有利。

部分驾驶员，以出租汽车驾驶员居多，为图省钱，使用SD甚至SC级润滑油，这样就不宜再遵循5000km的换油要求。因为低级别的机油在苛刻的工况下的稳定性较差，变质快，而且容易生成积炭。从爱护车辆的角度出发，如果使用这类发动机润滑油，应将换油周期缩短为3000km，甚至更短。

（4）使用环境对发动机润滑油也有一定的的影响。高温、极寒和灰尘较多的环境下都容易加快发动机润滑油的变质。驾驶员不仅应针对环境选用合适级别、黏度的发动机润滑油，还应适当缩短换油周期，具体要求视情况而定，一般以缩短 1/5～1/3 的周期为宜。

特别注意以下情况需要缩短换油周期：

①炎热的天气；在粗糙路面或山路上行驶；在泥泞或多尘的条件下行驶。

②在盐路（或相似材料）的地区行驶；频繁的短程行驶，行驶里程在 8km 以下。

③长时间在怠速或频繁的停车起步；拖车或车顶部有托运架。

2 齿轮油

通常把用于变速器、后桥齿轮传动机构的润滑油称为齿轮油。齿轮的轴线相互位置和齿形不同，在齿面啮合部分的接触应力和相对滑移速度有很大的区别，因此要求使用不同类型和品种的齿轮油（如图 4-4 所示）。

1）简介

齿轮油是一种较高黏度的润滑油，专供保护传输动力零部件，通常是伴随着强烈的硫黄气味。车辆齿轮油采用性能分类和黏度分类两种方法。目前世界各国广泛采用美国石油学会（API）性能分类和美国军用齿轮油规格标准，大多数润滑手动变速的是准双曲面齿轮油，其含有极压（EP）添加剂和抗磨添加剂，以应对准双曲面锥齿轮的转动。

图 4-4　齿轮油

2）工作条件

齿轮油工作时，由于齿轮工作面不断变换，温度升高不剧烈，所以它的工作温度一般为 10～80℃；其次齿轮油承受很高的压力作用，齿轮在传动时，轮齿之间啮合部分的单位压力高达（196～245）×10kPa，而准双曲面齿轮单位压力可达（294～392）×10kPa。此外，齿轮油在速度变化大、回转次数多的条件下工作，因而齿轮油易于由齿间的间隙中被挤出，产生半液体摩擦。

3）要求

对齿轮油的主要要求是，在轮齿与轮齿之间的接触面上，能形成连续坚韧的油膜，即具有高的油性，使传动零部件之间维持有韧性的边界油层，保证传动零部件磨损小和预防其擦伤；此外，齿轮油还应具有良好的黏温特性，以保证动力传动机构的摩擦损耗较小，提高传动效率，保证汽车易于起步（尤其是冬季的起动）。

国外汽车齿轮油大都按SAE黏度分类（如表4-1所示）和API使用性能分类。

SAE 汽车齿轮油分类 表4—1

SAE 黏度等级	黏度为15万MPa·S的最高温度（℃）	100℃运动黏度（mm^2/s）	
		最小	最大
75W	−40	4.1	—
80W	−26	7.0	—
85W	−12	11.0	—
90	—	13.5	<24.0
140	—	24.0	<41.0
250	—	41.0	—

SAE 黏度分类把齿轮油分为75W、80W、85W、90、140、250等牌号。

API 性能分类分为GL-1～GL-6共6个质量等级。

齿轮油发展的趋势是低黏度化、多级化和长寿命化。为了节省能源，降低燃料消耗，国外选用较低黏度的齿轮油和大跨度的多级油。为了提高齿轮油的质量，延长换油周期，除了提高基础油的精制程度外，普遍使用了以硫化烯烃为主的硫磷型极压剂，它比硫—磷—氯—锌型极压剂有良好的热氧化安全性、抗磨极压性和防腐性能，因而适合于在更苛刻的工况下使用，并可延长使用寿命。

4）分类

（1）型号：GL-1。

使用说明：在低齿面压力、低滑动速度下的汽车螺旋锥齿轮、蜗轮式驱动桥以及各种手动变速器规定用GL-1级齿轮油。直馏矿物油能满足这类情况的要求，可以加入抗氧剂、防锈剂和消泡剂改善其性能，但不加摩擦改进剂和极压添加剂。

用途：汽车手动变速器，包括拖拉机和载货汽车手动变速器。

（2）型号：GL-2。

使用说明：汽车蜗轮式驱动桥，由于其负荷、温度和滑动速度的状况，用GL-1齿轮油不能满足要求，规定用GL-2级齿轮油。通常都加有脂肪类物质。

用途：蜗杆传动装置。

（3）型号：GL-3。

使用说明：滑动速度和负荷比较苛刻的汽车手动变速器和螺旋锥齿轮的驱动桥规定用 GL-3 级齿轮油。这种使用条件要求润滑油的负荷能力比 GL-1 和 GL-2 级齿轮油高，但比 GL-4 级齿轮油要低。

用途：苛刻条件的手动变速器和螺旋锥齿轮的驱动桥。

（4）型号：GL-4。

使用说明：在低速高转矩、高速低转矩下操作的各种齿轮，特别是客车和其他各种车用的准双曲面齿轮，规定用 GL-4 级齿轮油。

用途：手动变速器、螺旋锥齿轮和使用条件不太苛刻的准双曲面齿轮。

（5）型号：GL-5。

使用说明：在高速冲击负荷、高速低转矩、低速条件下操作的各种齿轮，特别是客车和其他车用的准双曲面齿轮，规定用 GL-5 级齿轮油。

用途：适用于操作条件缓和或苛刻的准双曲面齿轮及其他各种齿轮，也可用于手动变速器。

（6）型号：GL-6。

使用说明：在高速冲击条件下运转的轿车和其他车辆的各种齿轮，特别是大偏移距的准双曲面齿轮，偏移距大于 50nm 或接近大齿轮直径的 25%，规定用 GL-6 级齿轮油。参照 API 的分类标准，根据齿轮的类型和负载情况，我国将车辆用齿轮油划分为普通车辆齿轮油、中负荷车辆齿轮油、重负荷车辆齿轮油三个等级。其中，普通车辆齿轮油相当于 API GL-3，中负荷车辆齿轮油（GL-4）相当于 API GL-4，重负荷车辆齿轮油（GL-5）相当于 API GL-5。齿轮油的黏度，根据齿轮油低温黏度达 15 万 MPa·s（超过该黏度，容易引起齿轮损伤）时的最高温度和 100℃时的黏度（mm^2/s），分为 70W、75W、80W、85W、90、140、250 黏度标号（如表 4-1 所示）。普通车辆齿轮油是一种普通车辆齿轮油，它以石油润滑油、合成润滑油及石油润滑油和合成润滑油混合组分为原料，并加入抗氧剂、防锈剂、抗泡剂和少量极压剂等制成，适用于中等速度和负荷比较苛刻的手动变速器和螺旋锥齿轮驱动桥。按黏度分为 80W/90、85W/90 和 90 标号。中负荷车辆齿轮油（GL-4），以精制矿油加抗氧剂、防锈剂、抗泡剂和极压剂等制成，适用于在低速下工作。重负荷车辆齿轮油（GL-5），按黏度分为75W、80W/90、90、85W/140、85W/90等标号，它以精制矿油加抗氧剂、防锈剂、抗泡剂和极压剂等制成，适用于比CLD更恶劣的工作环境的各种齿轮，例如高速冲击负荷，高速低转矩和低速高转矩下工作的各种齿轮，特别是轿车和其他各种车辆的准双曲面齿轮。

5）性能区别

（1）质量等级。

中等速度和负荷比较苛刻的齿轮或螺旋齿轮选用普通车辆齿轮油，例如，CA1091等车型的变速器和转向机选用普通车辆齿轮油；低速高转矩或高速低转矩下工作的齿轮及使用条件不太苛刻的准双曲面齿轮选用GL-4级齿轮油，如BJ2022、EQ-1090E、EQ2090等车的变速器；高速冲击负荷、高速低转矩和低速高转矩下工作的齿轮及使用条件缓和或苛刻的准双曲面齿轮选用GL-5级齿轮油，如捷达、红旗、奥迪、夏利、上海桑塔纳、北京切诺基等车的变速器和主减速器。

某些重型工程车辆主传动器的齿轮为准双曲面齿轮，齿面压力可达（200～400）$\times 10^4$kPa，齿面滑动速度达8～10m/s以上，油温最高达120～130℃，同时接触压力也很高，这种车辆主传动器选用GL-5级齿轮油。

（2）使用环境。

齿轮油的黏度应根据外界气温条件进行选择，要求所选齿轮油的黏度达到15万MPa·s时的最高温度不得高于环境温度。江南地区以及冬季气温不低于－10℃的地区，全年可使用90号齿轮油；气温特别高时（或大功率柴油车等）才使用140号齿轮油；在江北地区全年都可使用85～90号齿轮油；气温低于－26℃的地区冬季应使用75号齿轮油。

（3）齿轮油的更换。

车辆齿轮油在使用中性能逐渐劣化，对车辆齿轮油的更换通常采用定期更换。一般国产载货汽车行驶24000km、乘用车30000～40000km更换一次齿轮油。

使用注意事项。必须严格按车辆使用说明书的规定，正确选用齿轮油；齿轮油加注要适量，加注量不足，润滑不良，磨损增加，加注过多，增加动力损失和造成密封漏油。

注意，准双曲面齿轮的驱动桥必须选用准双曲面齿轮油，否则会造成齿轮的早期严重磨损；不可采取掺兑柴油将齿轮油兑稀，否则会造成齿轮咬伤。

 自动变速器润滑油（ATF）

自动变速器润滑油如图 4-5 所示。

自动变速器润滑油（Automatic Transmission Fluid）简称 ATF，通常 ATF 的基础油（约占 90%）是从石蜡基原油中提炼出来，简称矿物油。但由于基础油固有的特性（局限性），必须添加各种类型的添加剂（约占 10%）以适应各种工况的要求，才能满足自动变速器正常的使用，故此又衍生出各种合成油的 ATF。合成 ATF 的温度适应性更广，抗氧化能力强，使用寿命长，综合性能好，是未来 ATF 发展的主流方向。

图 4-5　自动变速器润滑油

多年前，最初使用润滑油的目的，就是在运动部件表面形成隔离层使其相互分离，通过减少摩擦达到运动顺畅，并尽可能减少由此带来的部件变热和表面磨损。随着现代汽车工业的不断发展，对 ATF 的使用要求越来越高，其功能包括减少摩擦、减少磨损、降低工作温度、耐高低温、防腐、防锈、清洗、动力传动、防振、密封、导热、绝缘等。ATF 的添加剂多种多样，有抗氧化剂、清洁剂、分散剂、倾点抑制剂、黏指改进剂、抗泡剂、摩擦改进剂、金属减活剂、抗乳化剂、腐蚀抑制剂、极压添加剂等，这些添加剂都是为了加强基础油某些方面的性能，赋予基础油某些天然并不具备的特性，所以含有各种添加剂的 ATF 比比皆是，其性能各有所长，参差不齐。

（1）ATF 的品质主要体现在物理指标的黏度、黏度指数、闪点、倾点等。

黏度是指油温在 100℃时（工作温度）的运动黏度。普通的 ATF 黏度指标一般为 7～8mm²/s，ATF 的黏度与发动机润滑油的黏度不同，发动机润滑油的黏度可以高至 20mm²/s，这是因为变速器 ATF 的黏度过高会增加阻力和摩擦力，使离合器颤抖，功率损耗增加，阀体工作不灵活，换挡缓慢、滞后；摩擦力一旦增高也会使零件发热，而容易造成磨损，同时黏度的偏高也影响了 ATF 的流动性，从而使变速器工作温度上升，影响变速器的使用寿命。高品质的 ATF 其黏度都在 7mm²/s 左右，特点是反应迅速，换挡快捷而平稳，摩擦系数小，工作温度低，使用寿命长。

黏度指数是指 ATF 在 40～100℃时的黏度指数，一般在 150 以上。也就是说 ATF 在常温下与工作温度的黏度变化，高品质的 ATF 不应随着温度的高升而使黏度变稀像水一样，也不能随着温度的降低使黏度上升像糨糊一样。而是使其黏度控制在最佳的润滑状态，保证变速器的正常工作。

闪点是指 ATF 在高温下的闪火点（闪爆点），一般闪点的指标在不低于 170℃为好。闪点偏低会加速 ATF 的氧化，同时容易挥发，增加不稳定因素和安全因素，直接影响使用寿命。

倾点是指装在容器中的 ATF 以 45°的角度倒出，在低温下不能流动时的温度，好的 ATF 其倾点不能高于－40°。以前国内是以凝点为检验标准，但 ATF 在凝固前可能已经失去了流动性（半凝固状态），故此检验方法不够科学欠准确，后改为国际统一的检验标准。

综合以上的情况，ATF 的品质基本要符合高温下的稳定性，即抗氧化能力强，改变酸性的机会少，有利于防止油泥和油膜氧化物的产生，避免变矩器和离合器打滑，延长 ATF 的使用寿命。在低温状态下有着良好的流动性，保证冷车起动的有效润滑，减低磨损的可能性。黏度控制在一个合理的工作范围，及时有效地传递转矩，良好的流动性从而保持变速器正常的工作温度，润滑和清洁变速器各个部件。

（2）自动变速器润滑油的选用。

自动变速器的工作特点要求自动变速器润滑油必须具有较高的品质，其性能指标一般应具备以下几点：适当的黏度和低温流动性、抗磨性、热氧化安定性、抗泡沫性、密封材料适应性、摩擦特性、剪切安定性及防腐性等。

自动变速器润滑油的规范很多，各车厂的用油规定也不同。目前汽车厂普遍使用的一些自动变速油规范有些是延用自动变速器厂的规范，有些是车厂延续厂内规范代号再加入新代号。

自动变速器润滑油的型号不同，其摩擦系数也不同。因此，既不能错用，也不能混用。如果规定使用 Dexron Ⅲ型自动变速器润滑油而错用了福特 MerconV 型自动变速器润滑油，可能会使自动变速器出现换挡振动和制动器、离合器突然啮合不正常的现象；反之，规定用福特 MerconV 型自动变速器润滑油而错用了 Dexron Ⅲ型自动变速器润滑油，可能会出现自动变速器的离合器、制动器打滑，加速摩擦片的磨损。

(3)自动变速器润滑油的检查。

①油面高度的检查。自动变速器的生产制造厂不同，其润滑油油面高度的检查条件也不同，油尺的刻度标准也不完全相同。检查时一般都要求：自动变速器处于热车状态（润滑油油温为70~80℃），汽车停放在水平面上并拉紧驻车制动器操纵杆，发动机怠速运转。踩下制动踏板，将自动变速器的变速杆在各挡位更换并停留短时间，使油液充满变矩器和所有作动的组件，然后将变速杆拨至驻车（P）位置。此时抽出油尺，用干净的擦拭纸或卫生纸（白色擦拭纸较无纤维，如没有以卫生纸代之，白色的纸才可辨识出油质的好坏）擦净后重新插入，再拔出检查，油面高度应达到油尺上规定的上限刻度为止。需要注意的是，油尺上的冷态范围（COOL）用于常温下检测，只能作为参考，而热态范围（HOT）才是标准的。如果超出允许范围，则需添加或排出部分油液。

②油质的检查。正常的自动变速器润滑油清澈略带红色，且无异味。如果使用不当，容易出现油液变质，因此，必须加强对油质的检查。可从外观上判断，如用手指捻一捻油液，感觉一下黏度，用鼻子闻一闻有无特殊的气味。若发现油液变质，应及时换用新油。根据经验现将油液质量变化与其故障原因列于表4-2，以供参考。

自动变速器油质量变化与原因 表4–2

油液质量的变化	油液质量变化的原因
颜色发白、浑浊	水分已进入油中
黑色、发稠，油尺上有胶质	自动变速器油油温过高老化
深褐色、棕色	油液使用时间过长；长期高负荷运转，组件打滑、损坏，引起自动变速器过热
油液中出现粉粒或块状杂质	离合器片、制动带或单向离合器磨损严重
油液中有烧焦味	油温过高，油面过低；油温冷却器、滤清器或管路堵塞

③油温和通气管的检查。油温是影响自动变速器润滑油性能和自动变速器使用寿命的一个重要因素。油温过高将使油液黏度下降，性能变坏，产生沉淀物和积炭，堵塞细小孔道，阻碍换挡阀与滑阀作动，降低润滑、冷却效果，破坏密封件等，最终导致故障。而影响油温的主要因素有变矩器有故障，离合器、制动器打滑或分离不彻底，单向离合器打滑及冷却器堵塞、系统散热不良等。因此，用车时必须正确操纵自动变速器，保证自动变速器的行驶状况良好。行

车途中应注意温度表是否正常（大部分的变速器散热器与发动机散热器是共享冷却液），若发现温度过高，应立即停车检修。

因自动变速器过热而引起自动变速器润滑油变质时，应首先检查油面高度是否合适。若油面高度合适仍过热，则应更换自动变速器润滑油；若换自动变速器润滑油不能奏效，就需要检查管路是否堵塞；若仍然难以奏效，那就需要全面检修自动变速器。

此外，还应注意检查自动变速器外壳上方的通气管是否畅通，以防被污泥堵塞，不利于变速器内气压平衡。

（4）自动变速器润滑油的更换。自动变速器达到规定行驶里程（依车厂规定1万～2万km）或一年以上（未超过里程）必须更换全部油液，同时还应更换ATF滤清器及油底壳垫片。换ATF时必须使用规定型号的ATF。具体换油里程、换油方法、用油规格须依厂家维修手册规定。

①严格控制加油量。自动变速器润滑油油量的多少，对其使用性能和使用寿命均有较大影响，因此，加入自动变速器的润滑油油量必须符合标准。若油面低于标准，油泵会吸入空气，导致空气混入，降低液压系统的工作压力，使各控制阀和执行组件动作不良，操纵失灵，使离合器、制动器的摩擦材料受到磨损，同时还会加速自动变速器润滑油的氧化变质。当油面过低时，由于作动组件得不到充分可靠的润滑，就有可能因过热而引发作动组件阻滞及产生噪声。当油面过高时，会由于机械搅拌而产生大量泡沫，这些泡沫进入液压控制系统，会引发与油面过低时产生的同样问题。如果控制阀体浸入于自动变速器润滑油中，则液压管路中的离合器、制动器内的泄油口会被自动变速器润滑油阻塞，施加于离合器、制动器的油压就不能完全释放或释放速度太慢，使离合器、制动器动作迟缓。

②自动变速器润滑油的更换方法。首先放掉旧自动变速器润滑油。放油前先行驶车辆，使自动变速器润滑油到正常工作温度（70～80℃），以便降低油的黏度（确保油内杂质和沉淀物随油一起排出），然后停车熄火，变速器置于驻车（P）位置，并拉紧驻车制动器操纵杆，将车顶起。拆下自动变速器油底壳上的放油螺塞，将油底壳内的油液放净，视情况拆下油底壳，彻底清洗油底壳和滤网（纸芯须更换），并清洗冷却器，然后再将油底壳和放油螺塞装好。

加油时，从加油口注入规范的自动变速器润滑油至规定的油面高度（因加入的是新油，温度较低，油面高度应在油尺刻度线的下限附近）。起动发动机，在发动机怠速运转情况下，移动所有挡位后变速器回到驻车（P）位置，此时如油面低，应继续加油至规定油面高度。最后，达到正常工作温度，再次检查热车状态时的油面高度是否在油尺刻度线的上限附近，并调整油面高度。如果加油时不慎使油面高于规定的高度，这时不应勉强使用，而应该再松开放油螺塞进行放油；如没有放油螺塞，可从加油口处用吸管或其他器具吸出。

4 制动液与防冻液

制动液如图 4-6 所示。

1）制动液的品质和规格

制动液俗称“刹车油”，它是机动车液压制动系统中传递压力、制止车轮转动的介质，目前，90% 的车辆均采用液压制动系统。因制动液的特殊性，它必须要有适宜的高温黏度和良好的低温流动性；有良好的化学稳定性；有较高的平衡回流沸点；有较低的吸湿性；有良好的橡胶适应性；有良好的金属抗腐蚀性。

图 4-6　制动液

2）制动液的分类

由于配制的原料不同，制动液的种类比较多，目前大体上分为 3 种类型：醇型、矿物油型和合成型。其中醇型制动液有醇型 1 号（蓖麻油+乙醇）和醇型 3 号（蓖麻油+丁醇），醇型制动液工艺简单、润滑性好且价格低廉，但在炎热季节使用时易产生气阻，在严寒地区的冬季使用时会变稠分层，使制动沉重，甚至失灵，故已被淘汰。

矿物油型制动液是以精制的轻柴油馏分经深度脱蜡得到的 C12～C19 异构烷烃及烷烃组分经添加稠化剂、抗氧剂和助剂调和而成。按运动黏度分为 7 号和 9 号 2 种类型。矿物型制动液的温度适应范围很宽，可以适应从−50～150℃，低温流动性和润滑性较好，对金属无腐蚀作用。但对制动系统的橡胶部件（如皮碗）有溶解作用，如使用这种类型的制动液，必须换用耐矿物油的橡胶零件。

目前使用较为普遍的是合成型制动液，它是以有机溶剂中的醇、醚和酯为基础，加入添加剂调制而成。合成型制动液的成分比较复杂，性质差异很大，为此国家颁布了合成型制动液标准。有1号、4603．4603-1和4604等牌号。4603和4603-1号合成制动液适用于各类载货汽车的制动系统；4604则适用于高档轿车等各种汽车的制动系统。

合成型制动液沸点较高，不易产生气阻；具有良好的低温流动性，不因低温而黏度增大、流动性变差，使制动发硬；吸水性小，不影响沸点和低温流动性；具有良好的化学稳定性，对金属有防腐、防锈作用，不易分解变质而产生沉淀物；对橡胶件的腐蚀和溶胀性小，以保证密封件不会严重变形等。这类制动液在我国各地一年四季均可使用，因而正逐渐成为通用型制动液。

3）制动液的质量等级

制动液与发动机润滑油一样，也有质量等级之分。国产制动液的质量等级：国产制动液根据其平衡回流、沸点分为JG3、JG4、JG5三个质量等级。序号越大平衡回流、沸点越高，高温抗气阻性越好，行车制动安全性越高。我国还将合成型制动液分为HZY3、HZY4和HZY5。

国外制动液的质量等级：美国汽车工程学会（SAE）规格有SAE J1704（高温地区使用）、SAE J1703（正常）、SAE J1702（严寒地区使用）。另外美国联邦机动车辆安全标准规格分为DOT3、DOT4和DOT5等，后者比前者的综合性能好。DOT3与DOT4的不同之处主要在于沸点不同，DOT4比DOT3更耐高温。DOT3和DOT4级制动液是以聚二醇为基础和乙二醇及乙二醇衍生物为主的醇醚型合成制动液，再加润滑剂、稀释剂、防锈剂、橡胶抑制剂等调和而成，也是各国汽车最普遍使用的一种制动液。JG3、JG4、JG5质量等级分别对应DOT3、DOT4、DOT5级别。

目前国内家用轿车多使用合成型制动液，所采用的标准也多以美国联邦机动车辆安全标准规格的DOT标准为主。而国家标准多用在商用车以及货车等大型车辆的制动液上。制动液级别、主要特性、对应牌号和推荐使用范围如表4-3所示。

制动液级别、主要特性、对应牌号和推荐使用范围　　表4–3

级别	主要特性	对应牌号	推荐使用范围
JG3	具有良好的高温抗气阻性能和优良的低温性能	DOT3、HZY3、SAEJ1703	我国广大地区均可使用
JG4	具有良好的高温抗气阻性能和良好的低温性能	DOT4、HZY4、SAEJ1704	我国广大地区均可使用，适用于制动操作时温度较高的轿车
JG5	具有优异的高温抗气阻性能和低温性能	DOT5、HZY5、SAEJ1705	有特殊要求的车辆使用制动液的更换和选用

4）有特殊要求的车辆使用制动液的更换和选用

当今汽车的设计车速越来越高、结构越来越紧凑，导致制动液的工作温度很高而散热通风条件较差，因此，对制动液的性能要求也越来越高。目前，世界各国使用的制动液一般都是合成型制动液。关于制动液的更换周期，目前尚无统一规定，通常是根据汽车生产厂商或制动液生产厂商规定的时间进行更换。制动液的更换周期主要以行驶里程和使用时间来确定。一般使用低级别制动液的中、低档车辆，换油周期为每年 1 次或者 2 万 ~4 万 km1 次；使用中、高级别制动液的中、高档车辆，换油周期为每两年 1 次或者 4 万 ~5 万 km1 次；另外在对制动系统进行修理和更换制动主缸、制动轮缸的活塞、皮碗等零部件的同时需要更换制动液。在实际使用中，如果出现制动踏板忽轻忽重、制动皮碗溶胀、换季时（尤其在冬季）出现制动无力这些情况就需要及时更换制动液。

制动液选择时，原则上根据汽车生产厂家使用说明书推荐的质量等级、品牌、型号等进行选择。按照国家标准或 DOT 标准选择制动液的质量等级，尽量使用合成型制动液，并优先选用高等级的。车辆使用说明书除给出了标准品牌制动液外，一般还提供了可供代用的品牌号，用户应尽可能选用标准品牌号的产品，缺乏时才考虑选用代用品，如果推荐的代用品牌也缺乏，才可以选择相应等级的代用品。对有特殊要求的制动系统，应加注特定牌号的制动液。有的合成型制动液温度范围在－60～60℃，低温下黏度比较小，非常适合于严寒地区冬季使用；如果汽车制动系统的橡胶零件是耐油的，应优先选用矿物油型制动液，它不受地区、季节和车型的限制，润滑性好，无腐蚀作用，换油周期长；但制动系统橡胶零件不是耐油的，则不能使用矿物型制动液；不同类型的制动液由于成分不同，混合后可能发生化学反应，堵塞制动系统，所以通常不允许混用，一般相溶性较好的同一类型的制动液，也不能混用，以防相互间产生化学反应，影响制动效果；选用正规优质产品，避免使用质量低劣产品。选购制动液时，首先看产品说明书或标签上的说明，是什么类型，有无质量标准和质量指标，若没有标注这些内容则不能使用，而只标有类型的应慎用。千万不要选用国家早已淘汰的醇型制动液。合成型制动液型号很多，颜色各异，要注意其质量指标中的温度范围，常温和低温下的黏度、透明度，有无沉淀和异味。

装有 ABS 的车辆的制动系统产生的摩擦热比未装 ABS 的车高，制动液的恶化变质也可能会相对更早地出现，如果在制动液变质的情况下继续使用，将会使制动主缸、制动轮缸、油压控制器等产生损伤，吸湿率增加，使制动力下降。因此，要对装有 ABS 车辆的制动液从严选用，严格遵守汽车制造厂商推荐的更换周期。另外还要根据使用条件，在必要时提前进行更换。装有 ABS 的车辆一般都选用 DOT4 制动液，尽管 DOT5 制动液具有更高的沸点，但是，由于 DOT5 是硅基制动液，会对橡胶件产生较强的损害，因此在 ABS 中，一般不选用 DOT5 制动液。但是，由于 DOT3 和 DOT4 是醇基制动液，具有较强的吸湿性，随着使用时间的延长，其中的含水量会不断增多。当制动液中含有较多的水分时，会使制动压力调节装置中的精密零件发生锈蚀，在寒冷的气候条件下，还会使制动液的黏度变大，影响制动液在制动系统中的流动，使制动变得迟缓，从而导致制动距离延长。另外，制动液中的含水量会对制动液的沸点产生非常明显的影响，发生气阻现象。DOT3 和 DOT4 制动液一般经过 12 个月的使用以后其中的含水量为 2%，经过 18 个月的使用以后，其中的含水量平均可达 3%，因此建议每 12 个月更换一次制动液。

5 防冻液

防冻液如图 4-7 所示。

随着发动机结构的改进和材料技术的进步，现代汽车发动机与旧式发动机相比，现代发动机的运行温度显著提高，正常的工作温度上限值一般都超过 100℃。以国产轿车为例，发动机正常工作温度是 90～120℃，如果全部注水，当发动机温度达到 100℃时就会水沸“开锅”，另外，水具有腐蚀性，会产生水垢影响冷却效果，因此就要用一种特殊的冷却介质——防冻液。

图 4-7 防冻液

（1）有人以为防冻液是专门为寒冷地区的车辆使用的，这是一种误解。市面上的防冻液主要成分是乙二醇，它具有沸点高、冰点低的特点。防冻液内还含有添加剂以防止乙二醇氧化（会形成腐蚀性极强的副产品）、防止腐蚀、防止产生泡沫等。

（2）发动机使用防冻液有以下保护作用：

①对冷却系统的部件起到防腐保护作用。

②防止水垢，避免降低散热器的散热作用。

③保证发动机在正常温度范围之内能工作。

因此，发动机的防冻液，必须具有防冻、防“开锅”、防腐蚀、防水垢、无泡沫的特点，并不受季节及地域的影响。其中，冰点和沸点是防冻液的基本指标。

使用防冻液一定要注意其品质。如果防冻液品质欠佳甚至是伪劣品，就起不到防冻液的作用了。冷却液用防冻液与水按照一定的比例混合配制而成。汽车制造厂在用户手册中通常会规定用于不同低温防冻等级的防冻液混合比，而且还指定防冻液的型号，不能够混用。一般情况下，防冻液与水的比例为40 ∶ 60时，冷却液沸点为106℃，冰点为-26℃，当50 ∶ 50时，冷却液沸点为108℃，冰点为-38℃。一般要求按照低于当地最低温度5℃左右配制冷却液。防冻液有效使用期多为2年，到期或发现冷却液脏就要更换。更换时一定要将旧冷却液全部清除，再加入清净水，起动发动机以怠速运转10min左右循环清洗。停机后再将清净水放掉。

加注新冷却液应在冷机时进行，加注冷却液至储液罐的最高标记“MAXT”为止，旋紧盖子起动发动机，怠速运转至发动机正常温度后熄火，当机体温度下降后，检查储液罐的液面高度保持在“MAXT”位置为合格，否则要补充足够为止。

除了选好防冻液，在防冻液的使用过程中，驾驶员还需要注意以下方面：

①尽量使用同一品牌的防冻液。

②防冻液的有效期多为2年（个别产品会长一些），添加时应确认该产品在有效期之内。

③更换时应放净旧冷却液，将冷却系统清洗干净后，再换上新冷却液。

④避免兑水使用。

传统的无机型防冻液不可以兑水使用，那样会生成沉淀，严重影响防冻液的正常功能。有机型防冻液则可以兑水使用，但水不能兑得太多。

（3）选择。在选择使用防冻液时，应注意以下方面。

①冰点越低越好。防冻液的基本指标是冰点与沸点。通常情况下，所选用的防冻液的冰点一般应低于当地最低气温10℃以上，以备天气突变。如长城润滑油生产的多效防冻液，其冰点范围为-25～-50℃，可以满足我国北方绝大多数地区的车辆防冻需求。

②应重视防腐功能。对那些长时间运行的车辆，比如出租汽车等，一般优质的防冻液每年更换一次，而那些运行时间短的车辆可每 2 年或每 3 万 km 更换一次。为防止产生过多的泡沫而降低防冻液与发动机部件的热交换性，添加时确认该产品在有效期内，长效型防冻液，有效期可达 3 年。如发现防冻液内出现悬浮物、沉淀物或变质、变色应及时更换并清洗系统。

（4）注意事项。

①防冻液不宜混用。不同型号的防冻液一定不要混用，以免起化学反应、沉淀或产生气泡，因为这样做会对橡胶密封件造成损害，通常会造成水泵密封及焊缝处漏水现象。因此，防冻液泄漏后应及时补充同种品牌的防冻液，若无同品牌的防冻液时可临时补充蒸馏水或纯净水。

②判断防冻液的方法。假冒伪劣防冻液会因配方不科学、腐蚀抑制不平衡，导致散热器和缸体腐蚀。有人直接在水中加入盐做防冻液，虽冰点下降了，但缸体和散热器严重腐蚀；也有人加入酒精，虽然冰点下降，但沸点也下降，使散热器很易开锅；也有人为减少成本少加防冻剂，而使实际冰点高于所标冰点。一般优质防冻液从外观上看：清澈透明、无杂质、不混浊、无刺激性气味，产品外包装上应有详细的生产单位名称、产品说明书以及明确的指标说明。

③防冻液并非越纯越好。首先，不要直接加注防冻液母液，防冻液并非越纯越好，直接加注防冻液母液，会出现防冻液变质、低温黏度增大以及发动机温度升高等现象，影响车辆的使用寿命。其次加注防冻液前一定要对发动机冷却系统进行清洗。防冻液能除垢，若直接加入，会让脱落的水垢堵塞水管，造成散热不良。最后要注意的是，不可用自来水稀释防冻液，以免自来水中的水垢、杂质和防冻液中的添加剂起反应，生成沉淀。

④根据环境温度条件选择防冻液的冰点。防冻液的冰点是防冻液最重要的指标之一，是防冻液能不能防冻的重要条件。一般情况下防冻液的冰点应选择比当地冬季最低气温低－10～15℃，如当地最低气温为－30℃，则防冻液的冰点应选择在－45℃以下。

⑤根据车辆不同要求选择防冻液。一般情况下进口车辆，国内引进生产车辆及中高档车辆应选用永久性防冻液（2～3 年），普通车辆则可采用直接使用型的防冻液，夏季可采用软化水。

⑥按照车辆多少和集中程度选择防冻液。车辆较多又相对集中的单位和部

门，可以选用小包装的防冻液母液，这种防冻液母液性能稳定，由于采用小包装，便于运输和储存，同时又可按照不同环境使用条件和不同的工作要求进行灵活的调制达到节省和实用的目的。车辆少或分散的情况下，可以选用直接使用型的防冻液。

⑦一般应选用具有防锈、防腐及除垢能力的防冻液。防冻液最重要的是防锈蚀。所以宜选用名牌产品，这些产品中加有防腐剂、缓蚀剂、防垢剂和清洗剂，产品质量有保证。

⑧选择与橡胶密封导管相匹配的防冻液。防冻液应对橡胶密封导管无溶胀和侵蚀等副作用。

第4节 美容与装饰

汽车美容是指针对汽车各部位不同材质所需的维护条件采用不同性质的汽车美容护理用品及施工工艺，对汽车进行全新的维护。这些汽车美容产品是采用高科技手段及优等化工原料制成，它不仅能使汽车焕然一新，更能让旧汽车全面彻底翻新，并长久保持艳丽的光彩。

1 汽车美容类型

现代汽车美容服务大体上可分为车身美容、内部美容、漆面处理、汽车防护和汽车精品等部分。

1 车身美容

车身美容主要包括高压洗车，除锈、去除沥青、焦油等污物，上蜡增艳与镜面处理，新车开蜡，轮辋、轮胎、保险杠翻新与底盘防腐涂胶处理等项目。经常洗车可以清除车表尘土、酸雨、沥青等污染物，防止漆面及其他车身部件受到腐蚀和损害。适时打蜡不但能给车身带来光彩亮丽的效果，而且多功能的车蜡能够无微不至地呵护爱车，可以防紫外线、防酸雨、抗高温及防静电。

2 内部美容

内部美容主要分为车内美容、发动机美容、行李舱清洁等内容。其中车内美容包括仪表板、顶篷、地毯、脚垫、座椅、座套、车门衬里的吸尘清洁保护，以及蒸汽杀菌、冷暖风口除臭、车内空气净化等项目。发动机美容则包括发动机冲洗清洁、喷上光保护剂、做翻新处理、三滤清洁（燃油滤清器、机油滤清器、空气滤清器）等项目。

3 漆面处理

漆面处理服务项目可分为氧化膜处理、飞漆处理、酸雨处理、漆面划痕处理、漆面破损处理及整车喷漆。漆面处理不仅能使爱车永葆“青春”，还能复原不慎造成的划痕及破损，更好地保护车身，使汽车保值。

4 汽车防护

汽车防护的项目包括贴防爆太阳膜、安装防盗器、安装静电放电器、安装汽车语音报警装置等。汽车防护虽然对汽车的美观不产生直接影响，但却能很好地呵护爱车。

5 汽车精品

汽车精品是汽车美容的点睛之处，也是一种汽车生活文化的体现，它致力于把汽车营造成一个流动的生活空间，诸如车用香水、蜡掸、护目镜、把套、坐垫等。汽车精品带给人们的是一种贴身的关怀。

6 汽车美容常识

（1）不能用洗衣粉、洗洁精洗车。因其含碱性成分，长期使用可使车漆失去光泽、哑色、干裂、生锈。应使用专用的水晶洁亮液或洗车液。

（2）汽车沾上污垢后要及时处理。汽车使用过程中受阳光辐射、酸雨侵蚀，时间一长易沾上各种腐蚀性污垢，如水泥、油脂、黏液、沥青、树液、昆虫等形成顽固污渍，继而易使漆面暗淡无光、漆质氧化，缩短汽车车漆寿命。

（3）汽车内部要清洁维护。车厢部分平时受外界油尘、泥沙、香烟、乘客汗渍及空调循环等不良因素的影响，致使车厢内空气受染，进而细菌滋生，甚至产生难闻杂味，使丝绒发霉、真皮老化。既影响驾驶员身心健康又不利于驾驶心境。因此，每三个月应进行一次全套室内专业护理，洗车时应常吸尘。

（4）名车、新车应慎重选用车蜡。普通的油性、固体车蜡因具有无附着力、易脏污（雨后留水印等）及擦伤车漆、光亮不持久等缺点已被逐渐淘汰。而名贵轿车选蜡时更应慎重，新的车蜡都是水性粉质，擦后光亮爽洁、不易粘尘、耐久性长。

（5）名车精打抛光水晶蜡步骤。首先要去除污渍，否则打好的蜡也没光泽；其次精打水晶蜡；再次机器抛光，使车蜡均匀消除阴阳色，使车蜡与漆面产生电键化合作用，结合成坚固不可渗透的更滑、更强、更持久的超强保护层；最后抹车鹿皮特殊处理，不留擦痕、光亮爽洁。每月应定期精打抛光上蜡 1~2 次，最好少用或不用油性固体蜡，不用毛巾擦蜡，不在阳光下或车体高温时打蜡。

7 汽车美容除臭杀菌

常见的汽车室内杀毒方式多种多样，但原理大多还是物理杀毒、化学杀毒、离子杀毒、臭氧杀毒等，从发展趋势看，由于对环保的越发重视，汽车室内杀毒方法将更多地采用物理和离子杀毒，化学杀毒方式则因对汽车部件的损害和容易产生新的有害气体而日渐减少。

1）化学杀毒

化学杀毒主要是用一些消毒剂对汽车进行喷洒和擦拭，通过化学反应的方式达到除去病菌的目的，这种杀毒方法的优点就是杀毒彻底迅速，施工简单易行，缺点也相当明显，后遗症较多，同时对汽车部分也有一定程度的损害作用，目前市场上常用的消毒液及使用方法如下：

过氧乙酸：可用 0.5% 的过氧乙酸溶液喷洒汽车外表面和内部空间进行消

毒，但消毒后要通风半小时以上。由于过氧乙酸具有腐蚀性和漂白性，所以最好先取出车内的一些物品衣物，消毒后对汽车的金属部件要进行擦拭。

84消毒液：通常这种消毒剂含氯量为5%，使用时必须加200倍的水进行稀释，如果不按比例稀释会有一定腐蚀性。84消毒液不具挥发性，对肝炎等病毒可通过浸泡起效，但对空中飘浮的飞沫没有什么作用。

甲醛消除灵：这是一种很新的车内杀毒产品，主要是通过经过特殊处理的红色颗粒来吸附和消除车内的甲醛等有害气体，使用简单，但缺点是化学消毒可能会产生后遗症。

2）臭氧消毒

臭氧消毒在“非典”期间曾经独领风骚，它主要是采用一个能迅速产生大量臭氧的汽车专用消毒机进行消毒。臭氧是一种具有广泛性的、高效的快速杀菌剂，它可以杀灭多种病菌、病毒及微生物。因此臭氧机制造出来的大量臭氧就可以在较短的时间内破坏细菌、病毒和其他微生物的结构，使之失去生存能力。臭氧的杀菌作用是急速的，当其浓度超过一定数值后，消毒杀菌甚至可以瞬间完成。氧化反应除去车内的有毒气体如CO、NO、SO_2、芥子气等。与化学消毒不同，由于利用臭氧消毒杀菌一般不残存有害物质，不会对汽车造成第二次污染。因为臭氧杀菌消毒后很快就分解成氧气，对人体有益无害，缺点是目前各大汽车美容店的臭氧机质量良莠不齐，同时每次杀毒价格过高。

3）离子杀毒

离子杀毒也是比较常见的一种车内空气清新方法，主要是通过购买车载氧吧释放离子达到车内空气清新的目的，事实上它不能算严格意义上的空气杀毒方法，而只能是一种空气清新和净化方式，优点是使用简单，基本不用驾驶员动手，缺点也比较明显，空气净化过程缓慢，杀毒不彻底。

4）光触媒

光触媒是最近才兴起的一种新的杀毒方法，它的工作原理其实很简单，就是利用二氧化钛这种光的催化剂，遇光产生正、负电子，其中正电子与空气中的水分子结合产生具有氧化分解能力的氢氧自由基，而负电子则与空气中的氧结合成活性氧，两者均具有强大的杀毒杀菌能力，对于汽车车厢内常见的甲醛、氨、苯等有机化合物具有分解作用，同时还可以清除车厢内的浮游细菌。由此可见，光触媒的主要杀毒要素为二氧化钛、太阳光等，因为二氧化钛只有在紫外线的作用下才能产生作用，同时需要一种不易被二氧化钛所分解的树脂将二氧化钛固定在车厢内，并让二氧化钛能够接受到阳光的照射，这也是光触媒技术上最大的优势。另外光触媒的效果持久，一般施工一次可以保持功效2年左右，和蒸汽高温消毒需要经常施工相比，费用低廉。不过光触媒同样有自己的缺点，由于光触媒需要紫外线照射才能产生作用，而紫外线对人体有一定的副作用，但有些驾驶员给自己的爱车贴了防爆膜，防爆膜的作用就是阻隔紫外线，因此贴了防爆膜的驾驶员一定要考虑两者会不会冲突。

5）竹炭杀毒

竹炭同活性炭一样具有发达的空隙结构、具有很大的比表面积和超强的吸附能力。竹炭是以高山老竹为原料，采用高温热解技术，历时20多天精心烧制而成。竹炭每克比表面积高达500～700㎡，具有极强的吸附能力，对苯、甲醛、丙酮、氨、一氧化碳、二氧化碳有吸附分解作用，属纯天然绿色环保产品，专用除臭、杀菌、防霉、吸潮、防虫、防蛀、净化空气，竹炭目前是日本、韩国、中国台湾地区最为流行的纯天然吸味除臭调湿剂，在国内一些大城市都有销售。

2 汽车美容自助选择

在汽车的日常使用中，如果不对其进行维护，就容易加速汽车的磨损和老化；如果只是将汽车开进路边小棚，用破布、几桶水或高压水枪“呵护”一番，表面上把车子洗得干干净净，其实是在对汽车实行破坏性清洗；如果把汽车开进汽车“美容院”，虽然能护理周到，但花费不小。其实，最经济、最简捷的美容手段是驾驶员自己动手，开展汽车自助美容。当然，这必须是在自己能处理的范围之内。以下简单介绍几种自助汽车美容方案。

1 高级护理方案

（1）特点：美容品全部采用纯天然材料制成，pH值呈中性。通过日常护理，可起到抗氧化、防酸、抗紫外线照射、防老化作用，并赋予车辆以自然光泽、散发清香之气。

（2）适用范围：高档汽车的日常护理。

（3）选材：纯天然洗车液、纯天然车蜡、车轮清洗保护套装、真皮清洗上光保护剂套装、内饰保护剂。

（4）简要操作步骤。

①取纯天然洗车液，并根据产品浓度稀释、搅匀，用软毛巾或海绵擦洗汽车，然后用无纺棉或软毛巾轻轻抛光。

②取纯大然车蜡，轻轻摇匀，用柔质布把蜡薄薄地涂在车体上，每次涂擦半平方米，并擦除多余积蜡，稍后用干净布轻轻擦除多余积蜡。

③根据车轮情况，取车轮清洗剂对车轮进行处理。大约 10min 后冲洗干净，用洁布擦干，再涂上保护上光剂。

④取真皮清洗剂喷涂于柔软毛巾或无纺布上，均匀涂于皮革表面，然后用另一块布擦干。再在阳光下预热皮革 10～15min，将真皮上光保护剂摇匀，在柔软毛巾（或无纺布）上倒上少许，均匀地涂擦在皮革件上，并立即用另一条柔软毛巾（或无纺布）抛光。然后用内饰保护剂喷于车内仪表台等物上，用无纺布擦拭干净。

2 普通护理方案

（1）特点：利用特殊的高科技配方增光聚合物，润滑性能好，能有效无损害地洗去污渍，且使氧化严重的车漆经抛光后得到较好地修复，并能对清洗的物件起保护作用，防止紫外线破坏及老化。

（2）适用范围：中、高档汽车的日常护理。

（3）选材：高科技洗车液（适用于各种车漆）、聚酯上光镀膜蜡、轮胎泡沫清洗剂、轮胎泡沫清洗上光剂、仪表台皮革上光保护剂。

（4）简要操作步骤。

①取高科技洗车液，并根据产品浓度稀释、搅匀，用软毛巾或海绵擦洗汽车，然后用无纺棉或软毛巾轻轻抛光。

②取聚酯上光镀膜蜡，轻轻摇匀，用柔质布把蜡薄薄地涂在车体上，每次涂擦半平方米，并擦除多余积蜡，稍后用干净布轻擦抛光。

③根据车轮情况，将轮胎泡沫清洗剂对轮胎进行清洗，然后用洁布擦干，

再涂上保护上光剂。

④取真皮清洗剂喷涂于柔软毛巾或无纺布上，均匀涂于皮革表面，然后用另一块布擦干。再在阳光下预热皮革10~15min，将真皮上光保护剂摇匀，在柔软毛巾（或无纺布）上倒上少许，均匀地涂擦在皮革件上，并立即用另一条柔软毛巾（或无纺布）抛光。然后用内饰保护剂喷于车内仪表台等物上，用无纺布擦拭干净。

③ 新车护理方案

（1）特点：配方较柔和，不伤原有车蜡，在新车表面形成致密的保护膜，能有效地防水、防酸碱及其他化学物质的腐蚀，为新车驶入变质环境提供理想的保护。

（2）适用范围：各种新车或翻新车。

（3）选材：泡沫洗车上光剂、隐形车衣、透明保护剂。

（4）简要操作步骤。

①取泡沫洗车上光剂喷于车体，用海绵或软毛巾擦拭，然后用清水冲净即可。

②取隐形车衣，摇匀，在软布或海绵上倒少许，轻轻以圈状打匀，稍后用干净软布擦净。

③取透明保护剂，摇匀，均匀涂于擦净的皮革、橡胶等表面，再用干净布擦净。

3 汽车美容的项目

（1）现代汽车美容服务大体上可分为防爆隔热膜施工、车身美容、内饰美容、漆面处理、汽车防护及汽车精品五大部分。因此，汽车美容的具体服务项目为：

①防爆隔热膜。包括前风窗玻璃、后风窗玻璃、侧窗玻璃。通常用的颜色有绿色、天蓝色、灰色、棕色、自然色等。

②车身美容。车身美容服务项目包括电脑洗车，去除沥青、焦油等污物，

上蜡增艳与镜面处理，漆面方程式处理，新车开蜡，轮辋、轮胎、保险杠翻新与底盘防腐涂胶处理等。

③内饰美容。内饰美容服务项目可分为车室美容、发动机美容及行李舱清洁等项目。其中车室美容包括仪表台、顶篷、地毯、脚垫、座椅、座套、车门内饰的吸尘清洁保护，以及蒸汽杀菌、冷暖风口除臭、室内空气净化等项目。发动机美容包括发动机冲洗清洁、喷上光保护剂、做翻新处理、三滤清洁等项目。

④漆面处理。漆面处理服务项目可分为氧化膜、飞漆、酸雨处理，漆面深浅划痕处理，漆面部分板面破损处理及整车喷漆。

⑤汽车防护。汽车防护服务项目包括安装防盗器、倒车雷达、静电放电器、汽车语音报警装置等。

⑥汽车精品。作为汽车美容服务的延伸项目，汽车精品能满足驾驶员及乘员对汽车内部附属装饰、便捷服务的需求，如车用香水、蜡掸、脚垫、坐垫、座套、把套等的配置，能使汽车美容服务贴身贴心。

（2）内饰维护。

①清洁座椅。座椅不是很脏的时候，可用长毛的刷子和吸力强的吸尘器配合，一边刷座椅表面，一边用吸尘器的吸口把污物吸出来，效果相当不错。对于特别脏的座椅，清洁时就要进行以下几个步骤：首先用毛刷子清洗较脏的局部（如较大污渍、垃圾等），然后用干净抹布沾少量中性洗涤液，在半干半湿的情况下全面擦拭座椅表面（注意抹布一定要拧干），最后用吸尘器再次清洁座椅以消除多余的水分。

②清洗地毯。如果地毯不太脏，可直接拿到车外拍打。对于易脏的地毯，只能动用专用洗涤剂。一般在用洗涤剂前先进行除尘，然后喷洒适量的洗涤剂，用刷子刷洗干净，最后用干净的抹布将多余的洗涤剂吸掉。应特别注意地毯不要完全放入水中浸泡刷洗，因为那样会破坏地毯内部几层不同材质的黏结，还会使地毯在很长时间内不能干透而影响使用效果。

③维护仪表板。稍微注意一下仪表板就会发现，只用抹布和海绵能够清洁的部位很少，这些沟沟坎坎的地方需用自己设计的专用工具。将各种不同厚度的木片或尺子片的头部修理成斜三角形、矩形或尖形等不同样式，然后把它包在干净的抹布里面清扫仪表板。把各部分灰尘打扫干净以后，用喷专用仪表蜡，过几秒再用干净的抹布擦拭，仪表板就焕然一新。

④养护特殊材质。对于乙烯塑料纤维等复杂材料，直接喷洒清洁剂然后用抹布擦干净，然后喷涂一层乙烯塑料式橡胶保护剂，以防止其过早老化变脆变硬。对于中高档车的皮革内饰件，更应坚持定期清洁维护，使它们不致干燥老化而裂开损坏。清洁皮革时采用专用清洁剂沾在抹布上清洁作业，完成后采用自然干燥为好，最后喷上专用皮革蜡，用干布擦亮即可。只要维护得当，皮革饰品几乎是可以永久使用的。

4 汽车美容施工工艺流程

（1）洗车：用车用清水冲洗，将漆面粉尘、细沙粒彻底冲洗干净。

（2）砂光：用2000号水砂纸砂光漆面，砂光时应不断加水冲洗漆面（使漆面上没有砂，以免造成划伤），砂光中根据漆的强度高低和车漆使用的情况，掌握好砂光所用的力度，砂光主要去橘皮、油迹、斑点、垂流、针孔轻微划痕等缺陷，砂光要均匀用力，一般砂光后的漆面以呈哑光漆样，并有微小亮点为最佳，砂光中要注意边角部，带肋的部位和橘皮轻的部位，根据具体情况不砂光或轻微砂光，以免造成砂漏底漆。特别注意的是，砂光时，不要砂到装饰条、密封条、镀铬条、门把手和不应砂光的部位，以免造成不必要损伤，必要时要把砂光相邻的不需砂光的部位用胶带粘封起来。

（3）细研磨：用4 000r/min抛光机研磨，主要配合晶亮研磨剂作镜面处理，开始时研磨的压力要根据漆的强度高低和面漆的厚薄来决定，如进口车漆一般硬度比较高，其研磨压力稍大，而国产车一般强度比较低，面漆比较薄，其研磨压力应稍轻，如为高速抛光机，转速高、切削力强，如果力度掌握不好，就会抛漏底漆。

需要特别注意的是，倒入漆面的研磨剂量要适中，研磨剂过多切削力差反而打滑，研磨剂过少会伤漆面。研磨剂有两个作用，一是在湿的时候研磨起切削作用，用力应稍大；二是在研磨中研磨剂逐渐变干，这时应当减轻压力到最小进行研磨，此时研磨起提光作用。

抛光时抛光机要掌握平衡运行，倾斜度不宜过大，要随着漆面的角度变化角度，抛光时要及时清理毛轮上的污垢，以便增强毛轮的切削力，避免不必要的漆面损伤。研磨中严禁原地不动研磨，特别注意相邻的门或边缘。因高低不平会造成伤害边缘部位，同时不要损伤相邻的装饰条、密封条、镀铬条、门把手等部位。

（4）除蜡：先用除蜡水清除漆面蜡层，然后用洗车液擦洗车身（因抛光时所用的研磨剂有蜡成分，如果不消除将会影响产品的渗透力）。

（5）风干：将车身冲洗干净再用风机彻底风干车身的水分。

（6）上釉：釉分子能填充细小微孔起密封作用，所以用专用的封釉机上釉效果比较好。操作过程中蘸少量晶亮釉振动涂抹，振动涂抹时速度要慢要均匀，一般每处要振动涂抹2次，然后轻微提起抛光机，使抛光机轮快速转动，抛出亮光时即可；接着用棉布蘸少量晶亮釉手工再涂抹一薄层即可。

5 汽车常见美容方法

研磨必须在车体洗净后进行，操作方法如同汽车打蜡。用柔软湿巾或海绵沾少许产品后成圈状在漆面顺序擦抹，手部力量适中，遇到漆面氧化程度较重或划痕较多处可反复擦拭，然后用毛巾清理干净。由于研磨剂有不同的功效，主要分强力研磨剂、中切型研磨剂和微切型研磨剂，因此在使用中要正确识别和把握车体的氧化程度来选择产品，尤其要注意正确分辨车漆，选用不同功效的研磨剂进行治理。例如烘喷漆选用强力研磨剂较为合理，而金属选用中切型研磨剂较好，玻璃漆由于漆面亮泽透明，漆色丰润，在维护中采用微切型研磨剂反复擦拭效果更佳，反之则造成无谓地损害。研磨维护一般来说半年一次为佳，平时只要略加保护，雨后勤洗，多打保护性上光蜡，就能有效地抵御大气的侵蚀，延长漆色寿命，增强漆面的光泽度，使车体清新美观。

上光是指汽车打蜡，它是汽车漆色保护的基本手段。早期的车漆上光蜡主要是美化车身，并不起保护作用，而且很容易被雨水冲掉，不易保持光亮，加之早期的上光蜡多为硬膏状，其成分以石油蒸馏物为主，涂上蜡后要等很长时间才可以打光，费时费力，光泽保持期短。近年来车蜡有了迅猛的发展，向纯天然改变，蜡成分中含太空铀、特氟隆、硅、研磨剂、蜡棕，使蜡不仅具有明显的上光作用，而且具有抗腐、抗氧化、去划痕、增加透明度、牢固、持久等综合效果。例如，保护性上光蜡，其蜡中含有聚合物（特氟隆或太空铀），这种聚合物一旦晒干后，在漆面形成一层薄薄的坚硬保护膜，同时又起到了上光作用。

由此可见，蜡的概念已由一般的单纯打蜡上光发展到今天的保护性上光，已成为当代汽车美容护理的必须操作。打蜡前应注意两方面问题：一是选蜡，二是操作。选蜡应根据车漆保护的需要进行，尽量根据车蜡的不同功效结合车漆特点精心选择，这样效果会更加明显。打蜡的操作一般在车体洗净后进行，现在的车蜡多为液体蜡，使用前，将液体蜡摇晃均匀，用少许倒入湿布或海绵上，在车漆表面小面积旋转擦拭，稍干后，再用软洁布反复擦干即可，操作时应在阴凉处。另外，一辆车在研磨后，必须要涂保护性上光蜡，这样能使车漆光泽倍增。并有长时间的保护作用。

保护剂是指对汽车的内外装饰具有清洗、上光、保护功能的产品。保护剂系列品类较多，一般为皮革、化钎、丝绒、地毯、塑料件、橡胶车裙、保险杠、门窗、轮毂、排气管等。保护剂的使用对汽车维护起重要作用，经常性地使用保护剂对各类饰件、零部件进行去污，清洗、上光，能使车内外各饰件达到清洁、美观、亮丽，并能达到防老化、防腐蚀延长使用寿命之功效。

目前市场上保护剂品类较多，如皮革上光保护剂、透明保护剂、真皮上光保护剂、皮革化纤清洁保护剂、丝绒清洁保护剂、地毯洗涤保护剂、污渍清洗剂、轮胎泡沫清洗上光剂、发动机清洗剂、上光剂、车裙装潢、泡沫清洗保护剂、轮毂清洗剂、发动机清洗剂等，这些产品都具有较强的洗涤去污、上光功能，且多采用喷剂式，操作十分简便。

6 汽车装饰

1 汽车装饰不仅要个性，更要安全保障

许多驾驶员喜欢将自己的爱车进行装饰或改装，使其不仅美观靓丽，具有个性化风格，而且更加方便实用。但是，汽车装饰关系到车辆的安全性，因此，在对自己的爱车进行装饰的时候，应当充分了解其对安全性的影响。

2 与汽车装饰或改装相关的必备法律常识

在对爱车进行装饰或改装前，要先了解相关法律法规，以免陷入误区。如果违背了相关法律法规，不仅验车时过不了关，还有可能造成安全隐患，甚至受到法律的制裁。

（1）《中华人民共和国道路交通安全法》明确规定，任何单位或个人不得拼装机动车，不得擅自改变机动车的结构、构造或特征。车辆的结构包括车身颜色、长、宽、高四个硬性标准和相关技术参数。

（2）已领牌照的汽车进行改装前，要向车管所登记申报，其改装技术报告经车管所审查同意后，方可进行改装，改装完毕，还要到车管所办理改装变更手续。

（3）车辆改装是否合法，关键要看车辆是否与行驶证上的照片相符，是否与车辆出厂技术参数相符，不相符的，就不能通过年检。

3 汽车外观装饰的种类

汽车外观装饰有以下几类。

（1）除蜡开光。新车出厂时，车身表面都有一层保护膜，这层膜使车身表面粗糙、没有光泽，因此，新车应该到专业的汽车美容养护中心进行除蜡开光，使车身表面呈现靓丽迷人的光彩。

（2）轮眉。很多驾驶员在买了新车之后喜欢给自己的爱车装上轮眉，看起来光光亮亮的轮眉，其实是个藏污纳垢的地方，并且容易积水，时间久了就会对汽车的漆面和钣金造成损伤。有时为了固定轮眉甚至在汽车的钢板上钻孔然后用螺栓固定，这更是十分不可取的，因为钻孔部位没有了漆面的保护更容易生锈。

（3）镀膜。镀膜美容是漆面的终极保护，可以避免氧化，达到使漆面增亮、抗酸碱、抗氧化、抗紫外线，抗划痕等多重功效。由于膜的材料本身是一种聚合物，其对车漆没有损害。

（4）封釉。封釉是用打磨机把釉料一点点涂在漆面上并且抛光压实，釉料具有渗透性，会渗入漆面的细纹中，能修复小的漆面损伤，维持几个月以上。

(5)打蜡。打蜡就是把蜡打在漆面上，车蜡是半固体，只能简单保护车漆，一般只能保护1个月，蜡就渐渐脱落失效了。打蜡可作为封釉镀膜后的日常护理。

(6)抛光。经过研磨抛光，除去受氧化的漆面和细小划痕，可以让车辆重新容光焕发，色泽暂时又恢复到新车时的状态。由此可见，抛光是对漆面"减层"而起到表面光滑的效果。抛光次数越多，漆面就会受损越薄。据了解，汽车的油漆层不到1mm，抛光材料过粗对漆面会有伤害，唯一的办法是到美容店用手摸下他们用的抛光研磨剂，如果手感比较粗，有颗粒感，那么用这种材料抛光对漆面肯定是有伤害的。但有时因为漆面受到损伤，不采用抛光法很难去除，此时，抛光操作人员的技术就很重要。

4 打蜡、封釉、镀膜的优缺点

(1)打蜡：优点是可抗紫外线，光亮度较高，价格也最便宜。在购买车蜡后，一般美容店都会打蜡，一盒蜡可用好几个月，价格也就几十元到一百多元。缺点是保护时间很短，一般的国产蜡打一次只有几天，优质蜡能保持一个月左右。打蜡也可自己动手做。普通蜡中的石油成分易对漆面造成污染，且打蜡需反复进行方能保持效果。砂蜡的主要作用是去除车漆表面的细小划痕和污垢，新车漆面会越打越花。建议新车尽量不要打砂蜡、去污蜡、粗蜡等含研磨颗粒的蜡。

(2)封釉：优点是保持时间相对较长，可以达6~8个月，对漆面有实质性的保护作用，可以使车漆手感细腻柔和。缺点是保护时间相对镀膜时间要短，硬度不及镀膜。

(3)镀膜：优点是保持时间最长，约有一年多。缺点是对技术工艺和施工环境的要求较严格。

5 直接修复风窗玻璃

目前，汽车的使用率越来越高，驾驶员在路上行驶时石子等硬物击伤或击碎汽车风窗玻璃的情况经常出现，特别在郊区公路行驶时更易发生这种情况。遇到这种情况驾驶员通常把整块风窗玻璃更换掉，其实汽车风窗玻璃是可以进行修补的，如果裂痕不大，经过修补后玻璃的强度不会受太大的影响，一般可达到原玻璃强度的90%左右，对行车安全不会造成影响。

轻微玻璃裂痕的修补方法是在施工前，对玻璃进行简单的平整，然后把裂痕或弹痕内的空气用专业的设备抽出，以免在玻璃内形成气泡，接下来把树脂胶注射到裂痕或弹痕的缝隙中。由于这种树脂胶只有在紫外线的照射下才能迅速凝固，所以注射完后，必须用紫外线灯进行烘干，最后用打光剂进行打磨抛光，经过修复后，一般会完好如初。

玻璃修补的6大好处：

（1）防止破洞或裂缝扩大，保证行车安全。

（2）无须拆卸，避免更换玻璃造成的密封不良及车容损伤。

（3）减少废弃玻璃，符合环保趋势。

（4）修补后坚固耐用，恢复玻璃原有强度，清晰度可达95%以上。

（5）现场施工，修补迅速，省时省事。

（6）节省更换玻璃的费用。

6 新车“装修”改装项目

要想舒舒服服地享受有车生活，就要下大力气备齐各类新车“必需品”。就像新房装修一般，新车的“装修”也同样大有讲究。

1）汽车座套

选择座套时要注重颜色、做工和可拆卸性，定做或购买汽车座套，可选择汽车用品店，也可从网上邮购，一般200元左右的就可以满足使用要求，驾驶员也可根据自己的实际情况进行相应的选购。

2）坐垫脚垫

夏天可使用亚麻等材料的坐垫，凉快透气；秋冬可换用毛坐垫，保暖的同时舒适性更佳。由于新车内一般铺的是地毯，为了平时防尘、下雨天防水，应该预备两套脚垫，一套毛脚垫、一套塑料脚垫，方便清理车内卫生。

3）玻璃贴膜

对于贴膜有一定需求的驾驶员，前风窗玻璃一定要贴透明度高的膜，否则会形成水波纹，干扰视线，影响安全。两侧车窗玻璃尽量不要贴颜色太深的膜。

4）报警装置

如果新车具有原厂防盗装置，即使不具备原厂遥控功能，也不要再加装新的防盗器，这样会破坏原厂防盗的线路。建议加装时调低灵敏度，否则有轻微的振动就会报警，容易造成蓄电池电力耗尽而无法起动汽车。

5）底盘装甲护板

底盘装甲是在汽车底盘喷涂一种聚酯材料，具有防锈、防腐的作用，一般新车不需喷涂，如果原车做得不彻底，可以再处理一下；护板是在发动机下面安装的一层薄板，防止损坏发动机底壳，新驾驶员可在购车后咨询经销商，如果没有发动机护板，建议加装。

7 汽车装饰注意事项

1）贴太阳膜最大的问题在于施工

质量好的太阳膜能起到隔热效果。许多驾驶员拿到新车，首先想到的是为爱车贴膜。不过，大部分人关心膜的价格，贴膜的质量如何却往往被忽视。

一些汽车用品店可能存在贴膜过程中将汽车玻璃烤炸、划痕及以次充好等问题。建议购买品牌太阳膜，选择授权施工店贴膜，并索要正规质保卡。有了质保卡，如果贴膜后出现眼花、头晕等问题，正规厂家通常都会予以积极处理，为车辆更换太阳膜。

2）换座椅警惕商家以复合皮充真皮

真皮座椅是汽车升级项目中最简单又最见效果的一种方式。很多原装为布面座椅的轿车，可以通过改装真皮座椅达到和同一品牌轿车的豪华型相媲美的内装效果。但改装真皮座椅的价格差异很大，散布在路边的汽车装饰小店，改装一套真皮座椅的价格通常在800~2000元，而在正规的4S店改装或者汽车维修厂家销售的原厂汽车真皮座椅，价格在3000~8000元。当然价格不同，真皮的质量也大不相同。

建议用手触摸分辨复合皮，一般情况下，汽车座椅的面料用的是牛皮，而牛皮分为水牛皮、黄牛皮和复合皮三种，其中以黄牛皮为最好。一般牛皮可以分切成几层，最外边的那层叫头层皮，质感最好，抗拉伸且透气；次之为二层皮，弹性较差，而且容易掉漆，做汽车座椅一般会用头层皮。目前市面上比较流行针孔式真皮，这种座椅伸缩自如，透气性好，使用起来方便，使用年限也较长。

复合皮是用下脚料加工后打碎、上覆盖塑料膜压制而成并附上一层胶膜，虽然表面看起来很精致，很像头层皮的色泽，但是用手触摸后能明显分辨出来，而且味道很大，有一定的有害物，对人有很大的危害，所以驾驶员选择时要仔细分辨。

3）贴地胶最好选择成型地胶

给新车贴地胶是很多驾驶员的首要选择，毕竟一层地胶就可以防止脏物和污垢留在上面。现今市面地胶分为手缝和成型地胶两种。质量好的地胶，不仅能有效防止灰尘，同时也可以使脏物不容易渗入地毯。而成型地胶是一次性压制成的，中间无缝，防泄漏性好，但遇凹凸大的车内地面时，铺出来的美观性就差一些。

建议选用没有刺鼻气味的地胶。如今市场上很多地胶是低价品，100 ~ 300元就可以进行全车装潢，但这种低价地胶采用的是胶水黏合的方式，而且很多普通胶水含有甲醛等有害物质，会释放刺鼻气味，它们在车内狭小的空间内缓慢释放，对驾驶员的健康危害极大。所以建议驾驶员在选择时，最好选择那些成型地胶，虽然价格略高，但没有刺鼻的气味，比较安全。

4）汽车装饰应注意5项基本原则

在给爱车进行内装饰时，可参照以下5条原则来做，这样既可保证装饰效果与原车风格统一，同时又不失时尚与品位。

（1）协调：饰品颜色必须和汽车的颜色相协调，不可盲目追求高品位、高价位，以免弄巧成拙。比如浅色车的内部应尽可能地避免配以深色的座套及红色的地毯等。否则容易给人一种不协调的感觉。

（2）实用：根据车内空间的大小，尽可能地选用一些能充分体现驾驶员个性的小巧、美观、实用的饰物，如茶杯架、香水瓶、储物盒等。

（3）整洁：车内饰品应做到干净、卫生、摆放有序，给人一种整齐划一、自在清爽的感觉。

（4）安全：车内饰品绝不能妨碍驾驶员的安全行车或乘员的安全，如车内顶部吊物不宜过长、过大、过重；后风窗玻璃上的饰物不要影响倒车视线等。

（5）舒适：车内饰品的色彩和质感要符合驾驶员的审美观。车内空间不大，因而香水的味道不宜太浓，最好清新自然一些。

7 自己动手给汽车补漆

自己动手给汽车补漆的方法和步骤如下。

1 方法

汽车使用时间一长，表面的车漆也多少会受到损伤，进行维护，价格也不低。其实，如果只是一些小地方的掉漆或是小划痕，驾驶员不妨自己尝试修补一下。

准备工具：95°酒精一小瓶或泡沫清洁剂，3M 粗细纱纸，细毛笔，999 软蜡和硬蜡，原色原厂漆约 50mL 或配相近的车漆。

提示：此方法适用于很小面的补漆，如果汽车表面有瘪处，那么需要钣金敲平，建议最好去专业美容店或 4S 店。

当然，自己动手补漆的效果自然不如专业人士的操作，不过如果只是小损伤，不妨自己动手多锻炼几次，就能熟能生巧。

2 步骤

补漆步骤如图 4-8 所示。

（1）准备必要的工具

（2）用粗砂小心打磨创口

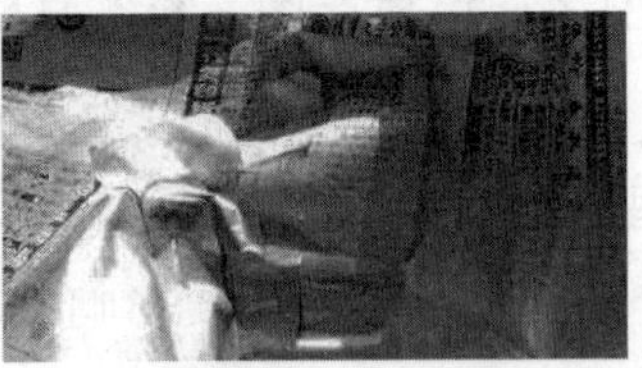

（3）用报纸将创口四周包裹起来，然后喷漆

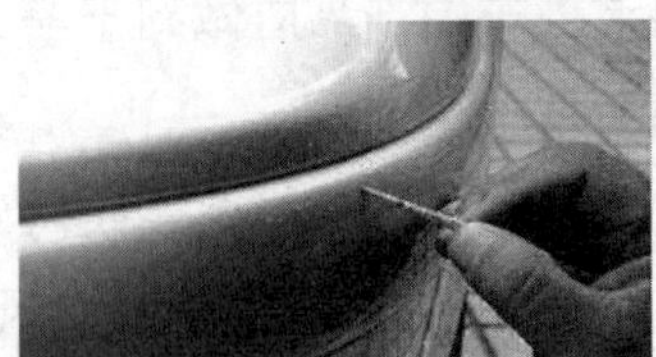

（4）用毛笔粘一些油漆向小创口上涂补

图 4-8　补漆步骤

（1）清洁。先用酒精或清洁剂将刮伤的地方清洗干净。

（2）打磨。用小块粗砂纸沾水磨后打磨，将被擦伤油漆的地方打平。如果有起皮漆，可以用一字螺丝刀轻铲去掉。

（3）上漆。

①正式喷漆前，可将漆喷在其他钢板上，干后与车身的漆作比较，看是否存在色差。

②由于油漆是喷上去的，气雾很大，所以先用报纸将创口四周包裹起来，避免把油漆喷到周围的车身上。

③喷漆时喷嘴要离创口稍远，喷三次左右，每次喷漆间隔 5 ~ 7min，每次都不要喷得过厚。

（4）细节修复。用毛笔沾一些油漆往小的创口上涂补，尽量使创口看起来整齐。

（5）打磨。等油漆干了（需要较长时间），用小块细砂纸沾点水轻轻打磨，使得补漆面与原漆齐平，避免磨到边上的原漆。

（6）清洁。用清洁泡沫清洁创口，再打上蜡即完成。

8 装饰误区

装饰误区如图 4-9 所示。

随着人们生活水平的提高，汽车价格的一降再降，普通家庭购买汽车已不是什么遥远的事情，尤其是都市女性，越来越多地拥有了自己的爱车。并且汽车已不仅仅是她们单纯的交通工具，而更像她们的贴心朋友，更像是一个温暖的小家。

有些驾驶员特别是女性驾驶员喜欢在车里悬挂一些卡通玩偶，以使“小家”更加温馨漂亮。这些东西看起来很可爱，但引发的问题却不少，装饰不当不仅会给自己和他人造成危险，甚至违反了法律。

图 4-9　装饰误区

1 汽车装饰普遍

目前很多汽车车内被装饰得花花绿绿，尤其是一些女性驾驶员的车内，更是被装饰得过度。现在越来越多的驾驶员把汽车当作“家”来装饰。与家庭装修一样，驾驶员装饰汽车时，稍不注意就有可能深陷各种误区。车内装饰不合理，驾乘舒适度和实用性能将会大打折扣，严重的甚至会影响驾驶员健康或行车安全。

2 装饰不当违法

如果说汽车装饰仅仅是一种习惯的话，过度装饰就是一种不好的习惯，甚至是一种违法的行为。在车前车后挂贴装饰物违反了《中华人民共和国道路交通安全法实施条例》第六十二条“驾驶机动车不得有下列行为：（二）在机动车驾驶室的前后窗范围内悬挂、放置妨碍驾驶员视线的物品”的规定，只是很多驾驶员平时都不太注意，这种轻微交通违法行为依法应处罚款 50 元。

喜欢汽车装饰本来无可厚非，但要在安全的前提下，因此，建议大家用卡通装点爱车要适可而止。如果大家真的喜欢卡通，可以选择卡通头枕、座椅套、变速杆套等功能性饰品，最好不要在车内悬挂过多的饰品。

3 装饰汽车五大“隐形杀手”

（1）“一号杀手”：车后座挂满饰物。

警戒：在车后窗挂满饰物，倒车时从后风窗玻璃看不清后面路况，给行车带来极大的安全隐患，所以装饰爱车一定要“适可而止”。

（2）“二号杀手”：行李舱里放“冷枪”。

警戒：如果汽车行李舱里放有长条的坚硬工具，一定要把这些长形的坚硬物体固定起来，因为一旦发生追尾事故，这些可能就是背后致命的“冷枪”！

（3）“三号杀手”：座椅垫子不固定。

警戒：毛绒垫子的背面与真皮座椅接触后会变得很滑，如果不固定，在急转弯时，驾驶员很容易位移而发生车辆失控！

（4）“四号杀手”：汽车香水随意放。

警戒：香水座一般都是玻璃制品，如果粘得不牢，或发生车头碰撞，香水座可能就是致命的“杀手”！尤其是香水座放置在安全气囊上面，隐患更大。

（5）“五号杀手”：廉价材料装上车。

警戒：廉价的地胶质量不过关，造成车内空气污染，还不如原来的地毯；有的车用香水不是采用天然原料，长期使用对人体有害；装饰汽车一定要选择正规厂家生产的合格产品，保证质量，不然宁可不装！更要学会适可而止，汽车装饰美容可要可不要，汽车美容应做到内外兼修。

9 汽车饰品的选购方案

香水：香水是最受驾驶员欢迎的车内小饰品，它具装饰及去除异味的双重作用。车用香水多是采用天然香精制成，有一股自然而吸引人的芳香，加上造型外观华丽，人性化设计，让驾驶员使用更加贴心。

风口杯架：风口杯架置在车上空调风口处，有利于减少占用车上宝贵位置，夏天还可通过风口使饮料保持冷饮状态，特别的透风设计不会阻止空调风口排出冷气。

万能置物盒：经常看见一些汽车里乱七八糟的，当然这不完全是驾驶员不注意的缘故，更多是因为缺少足够的置物空间。如果在车里放置一个置物盒就可有效改善这种局面。

空气清新器：制造足够的负离子，提高车内氧含量，使空气清新怡人，消除车内烟雾、水汽及异味，具有较强杀菌功能。

空调异味清除剂：可将笼罩车内的烟味、使人不快的空调异味、沾染在坐垫上的芳香剂残余气味等微粒子强力消除，使用后车内空气焕然一新。

10 新车装潢攻略

1 漆面防护

新车漆面自出厂那刻起便经受着外界的各种侵害，砂石、湿气、紫外线都会导致漆面老化褪色。好在新车出厂前表面都会涂层封蜡，防止运输途中受到意外损伤，但保护蜡不能永久停留在漆面，新车到手第一件事就是去除这层保护蜡。开蜡应使用专门的开蜡液，切忌贪图方便用煤油或汽油开蜡而腐蚀漆面。

开蜡后漆面就失去了保护层，此时驾驶员应及时对漆面进行维护。

电泳镀膜、打蜡、封釉是市场上三种常见的漆面美容服务，就保护时效性和安全性而言，电泳镀膜更具优势，也是目前比较流行的漆面美容，它采用电泳技术将人类目前所知硬度、光滑度最高的物质“PTFE”吸附在汽车漆面，形成抗酸、碱、磨损、紫外线、腐蚀的防护层，镀膜后漆面硬度可提高 3 倍、耐磨性提高 1 倍，耐 150MPa 以上高压洗车（相当于打蜡 72 倍、封釉 9 倍）。

2 底盘防护

众所周知，汽车底盘支撑着许多汽车部件，一旦底盘锈穿，汽车的传动系统、制动系统、转向系统和行驶系统就处于危险之中。

目前唯一有效并在国际上最普遍采取的底盘保护措施就是“底盘装甲”，即在底盘表面喷涂特殊的弹性胶质材料来抵挡外界的侵害。“底盘装甲”如同坚固的甲胄，可有效防止底盘受撞，抵御湿气、酸碱、污物的侵蚀，降低高温、严寒对底盘金属的影响，保证底盘各部件的正常运作。

有些汽车厂商声称自己的车出厂时经过底盘保护处理，事实上除了名贵汽车，其他进口车和国产车由于考虑到成本效益等因素，底盘保护通常都不太到位，不是保护涂层太薄，就是只做局部保护。

3 汽车贴膜

以下是汽车贴膜的几种主要原因。

1）避免过热

贴膜的车内部大约可比外部凉快 40%。但这不是说，两辆车，一辆贴膜，一辆没贴膜，在停车场暴晒了几个小时后，贴膜的车内会比另一辆车内温度更低。实际上，当打开车门时，这两辆车是一样热的。原因是太阳照射时，开始阶段，贴膜的车内温度因为隔热膜的存在而稍低，但是随着时间的增加，两辆车的温度逐渐达到一样，只是贴膜的车更慢地达到这个温度。在发动汽车，开空调后，贴膜的车会比没贴膜的温度下降更快些。然后开始行驶时，贴膜车的驾驶员将会感觉比没贴膜的时候更加凉快，因为好的汽车隔热膜会帮助驾驶员抵挡掉 40%~67% 的热量，保证了空调的效果，同时也降低了油耗约 3%。如一辆车，一个夏天行驶 1.5 万 km，大约可以节省油费 235 元。

2）保护皮肤

太阳光中有紫外线，称为 UV。UV 又可以分为 UVA、UVB、UVC。UVA 又称晒黑段，透射力可达人体真皮层，具穿透力强、作用缓慢持久的特性。由此而产生的后果是：肌肤提前衰老，角质过厚，表皮粗糙，有皱纹和斑点，肌肉松弛、下垂。UVB 又称晒红段，透射力可达人体表皮层，能引起红斑，是晒伤皮肤的主要波段，轻者可致皮肤红肿、疼痛，重者会产生水泡、脱皮。UVA 和 UVB 射线照射过量，势必导致皮肤老化，出现皱纹、雀斑等，并最终诱发皮肤癌。UVC 又称杀菌段，透射力只到皮肤的角质层，且绝大部分被大气层阻留，不会对人体肌肤产生危害。汽车隔热膜一般都能够隔离掉 99% 的紫外线。这样就起到了保护皮肤的作用。

3）交通事故中的保障

在偶然发生的交通事故中，玻璃将一起黏付在膜上，不会伤害到人体，这样就保障了车内人员的安全。

4）更加安全地驾车

贴膜后可以减少危险的炫光。炫光的来源有：太阳光、雪或者其他车的车灯等。炫光会使得驾驶员眼睛一眨，影响驾车的安全。这种贴膜主要是汽车的前风窗玻璃膜。在选择前风窗玻璃膜时，关键是贴膜的透光率一定要好，最好在 70% 以上，这样才可能保证驾车的安全。选择有品牌的前风窗玻璃膜很重要，因为其标的透光率数据的可靠性更大。

5）增强隐私

贴膜可以保护驾驶员的隐私，同时也保护了车内财产和物品的安全。选择颜色较深的膜作为汽车的侧后风窗玻璃膜，可以很好地保护驾驶员的隐私和车内物品的安全。盗贼就会看不清，掌握不了车内情况，而无从下手。当然，最好选择带有安全性能的膜，因为盗贼来偷，要砸破贴膜的车窗也不是件容易的事情，加上车辆防盗警报，盗贼往往无功而返。

6）保护车室内装潢的老化和预防褪色

太阳光中的紫外线，UVA有很强的穿透力，它会使得车内的装潢（如皮椅，仪表板及其他的塑胶件等）老化和逐渐的褪色。同时，阳光中的红外线，会使得车内温度上升，这样也就加快了车内装潢的老化、褪色或裂损。汽车贴膜后，可以很好地阻止这些事情的发生，也保障车辆二次销售时的价值。

11 汽车打蜡

汽车打蜡上光是给汽车美容的一种方式。但是有许多驾驶员友却步入了一个误区，认为车身要经常打蜡，而且车蜡越贵越好。但实际并非如此，驾驶员应掌握汽车打蜡的一些技巧，才可以得到好的效果。

1 车蜡的分类与选择

车蜡品种繁多，其形态有固体和液体之分，其价位有高档和中档之别，其品牌有国产和进口之分。由于各种车蜡的性能不同，其作用效果也不一样，所以在选用时必须要慎重。一般情况下，应根据车辆的新旧程度、车漆颜色及行驶环境等情况综合考虑，选用不同特性的车蜡。

高级豪华汽车，可选用进口或国产的高档车蜡；行驶一年左右的新车，最好选用彩涂上光蜡，以保护车体的光泽和颜色；行驶环境较差的乡村公路上，可选用保护作用突出的树脂蜡；行驶一年以上的普通车辆，则可选用普通的珍珠色或金属漆系列车蜡。

当然，选用车蜡时还必须考虑与车漆颜色的一致性，一般深色车漆的车选用黑色、红色、绿色系列的车蜡；浅色车漆的车选用银色、白色、珍珠色系列车蜡。

2 打蜡时的注意事项

（1）新车不要随便打蜡。因为新车在出厂时厂家已经给本身的漆层上了一层保护蜡，如果过早给新车打蜡，反而会把新车表面的原装蜡除掉。一般情况下，新车行驶半年左右再打蜡。

（2）要审时度势地打蜡。可根据车辆行驶的环境、停放场所、车身触摸感的不同，来决定打蜡的时间。有车库停放，且又多在路况良好行驶的车辆，每3~4个月打一次蜡；露天停放的车辆，多风吹雨淋，最好每2~3个月打一次蜡。

（3）打蜡前最好先用专用洗车剂或清水由上至下清洗车身外表的灰尘和泥土，将车体擦拭干后再上蜡。但是清水里千万不能加洗衣粉、洗洁精和肥皂水等洗涤剂。因为这些洗涤剂含有的氯化钠成分会侵蚀车身漆层、蜡膜和橡胶件，使车漆失去光泽、橡胶件老化。

（4）上蜡时，应用海绵块涂上适量车蜡，在车体上直线往复涂抹，不可把蜡液倒在车上乱涂或做圆圈式涂抹；一次作业要连续完成，不可涂涂停停；一般蜡层涂匀后5~10min用新毛巾、鹿皮或无纺布擦亮，对于快干车蜡则应边涂边擦边抛光。

（5）车身打蜡后，在车灯、车牌、车门和行李舱等处的缝隙中会残留一些车蜡，使车身显得很不美观。这些地方的蜡垢若不及时擦干净，还可能产生锈蚀。因此，打完蜡后一定要用棉签轻轻地将蜡垢彻底清除干净，这样才能保持完美的打蜡效果。

参考文献

[1] 张东升，刘益军 . 汽车安全驾驶技巧 [M]. 北京：人民交通出版社，2005.
[2] 裴保纯 . 汽车驾驶人必备手册 [M]. 北京：机械工业出版社，2008.
[3] 范立，郭淑琴 . 汽车安全驾驶技术 [M]. 北京：人民交通出版社，2010.
[4] 李东江，张大成 . 汽车驾驶禁 · 忌 · 防 [M]. 北京：机械工业出版社，2006.
[5] 高锡祥，徐昭 . 双色图解轻松学开车 [M]. 北京：人民交通出版社，2007.